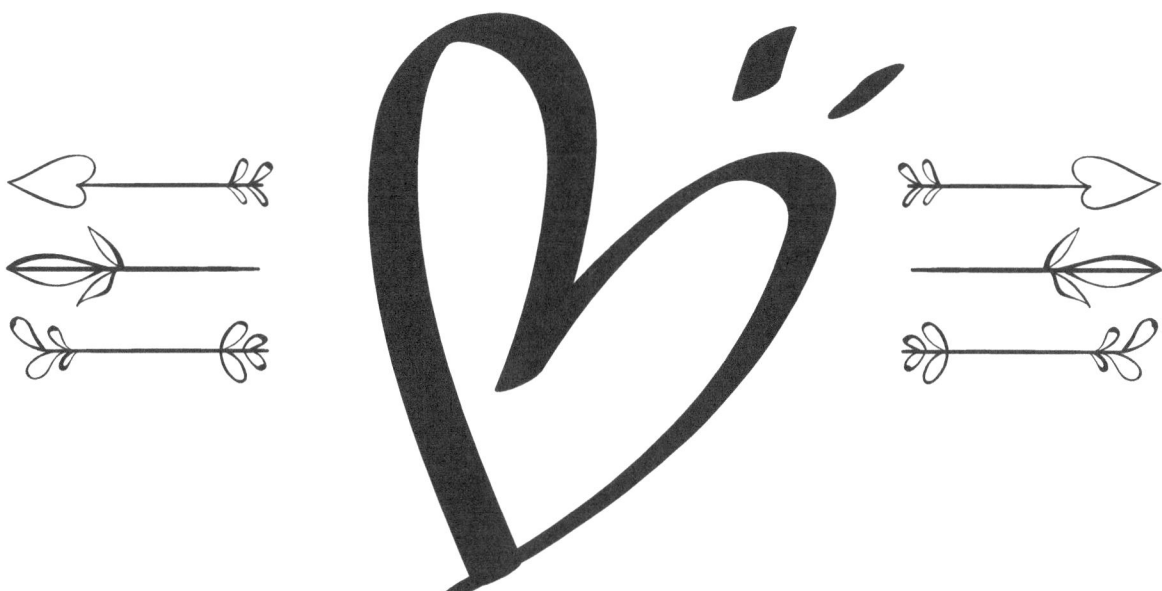

Este Libro

Pertenece a

BICICLETA SUCIA LIBRO DE COLOREAR

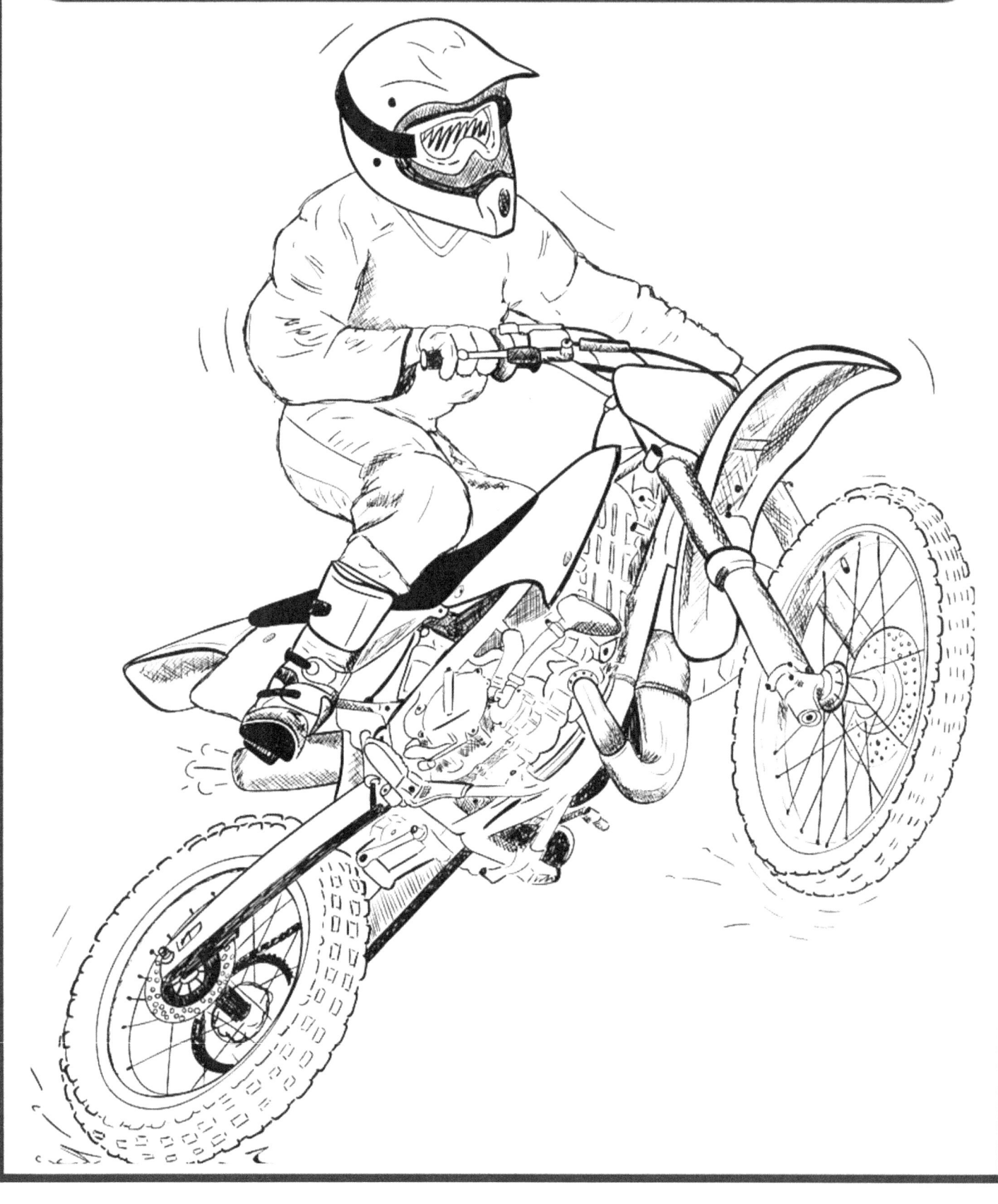

BICICLETA SUCIA LIBRO DE COLOREAR

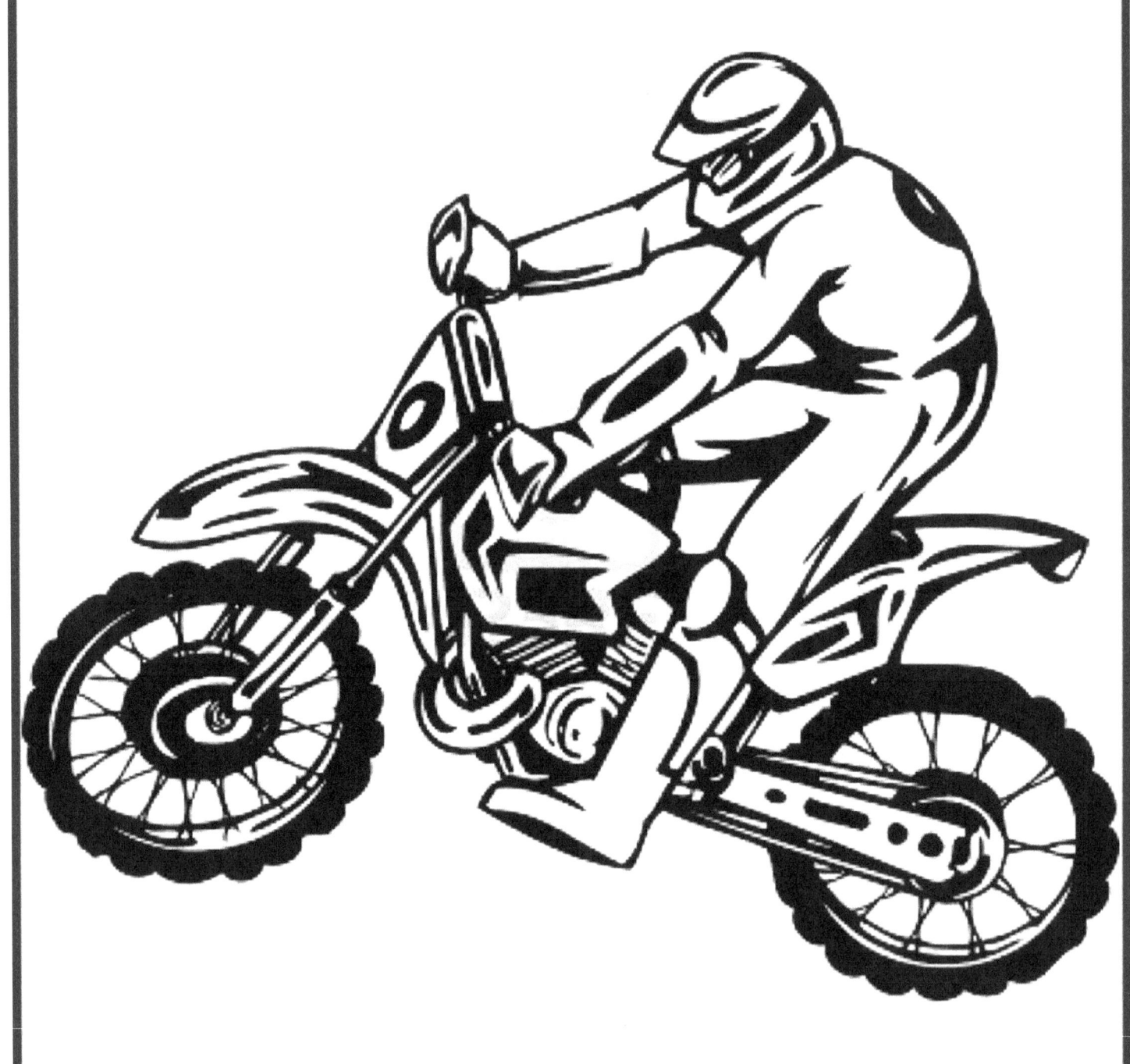

BICICLETA SUCIA LIBRO DE COLOREAR

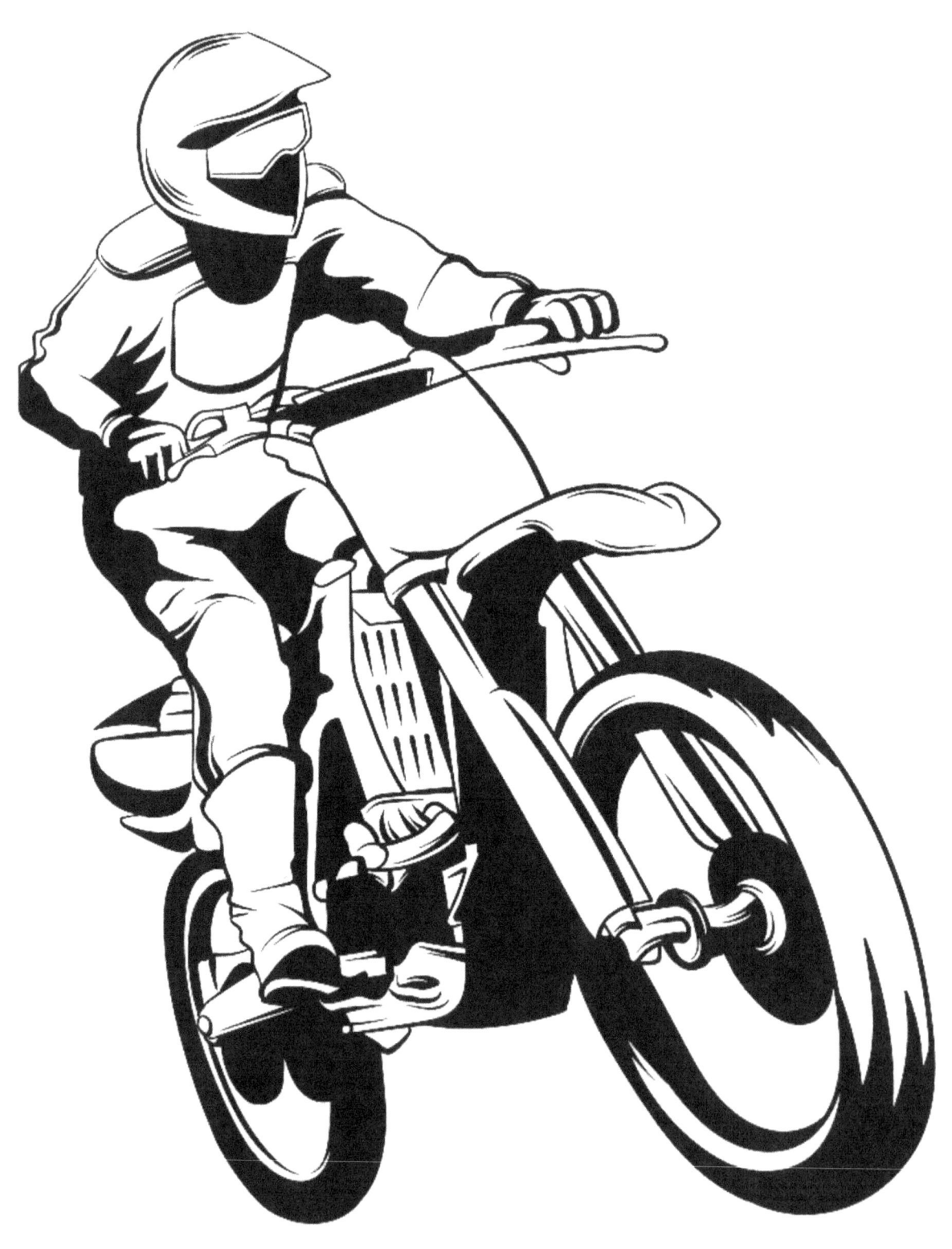

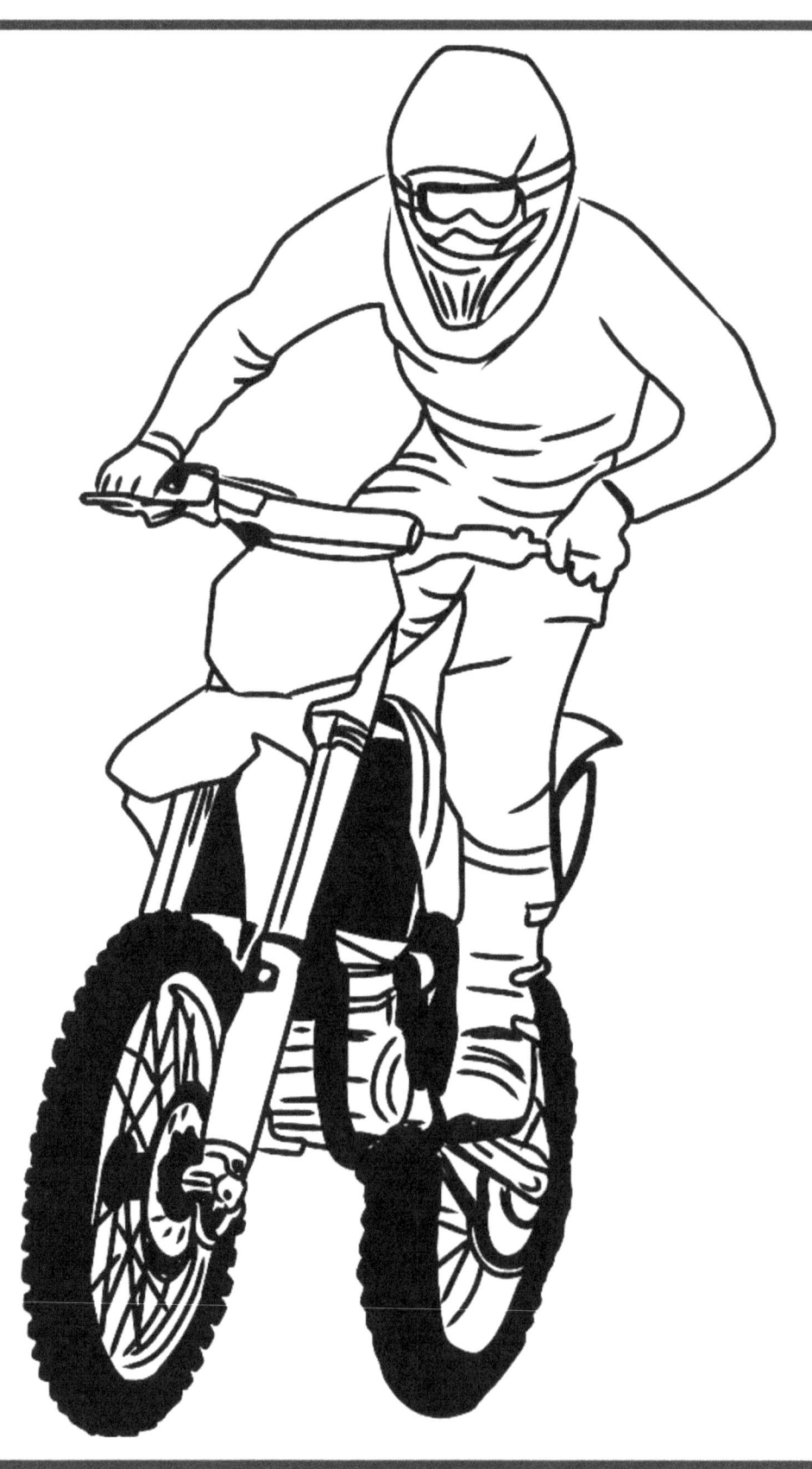

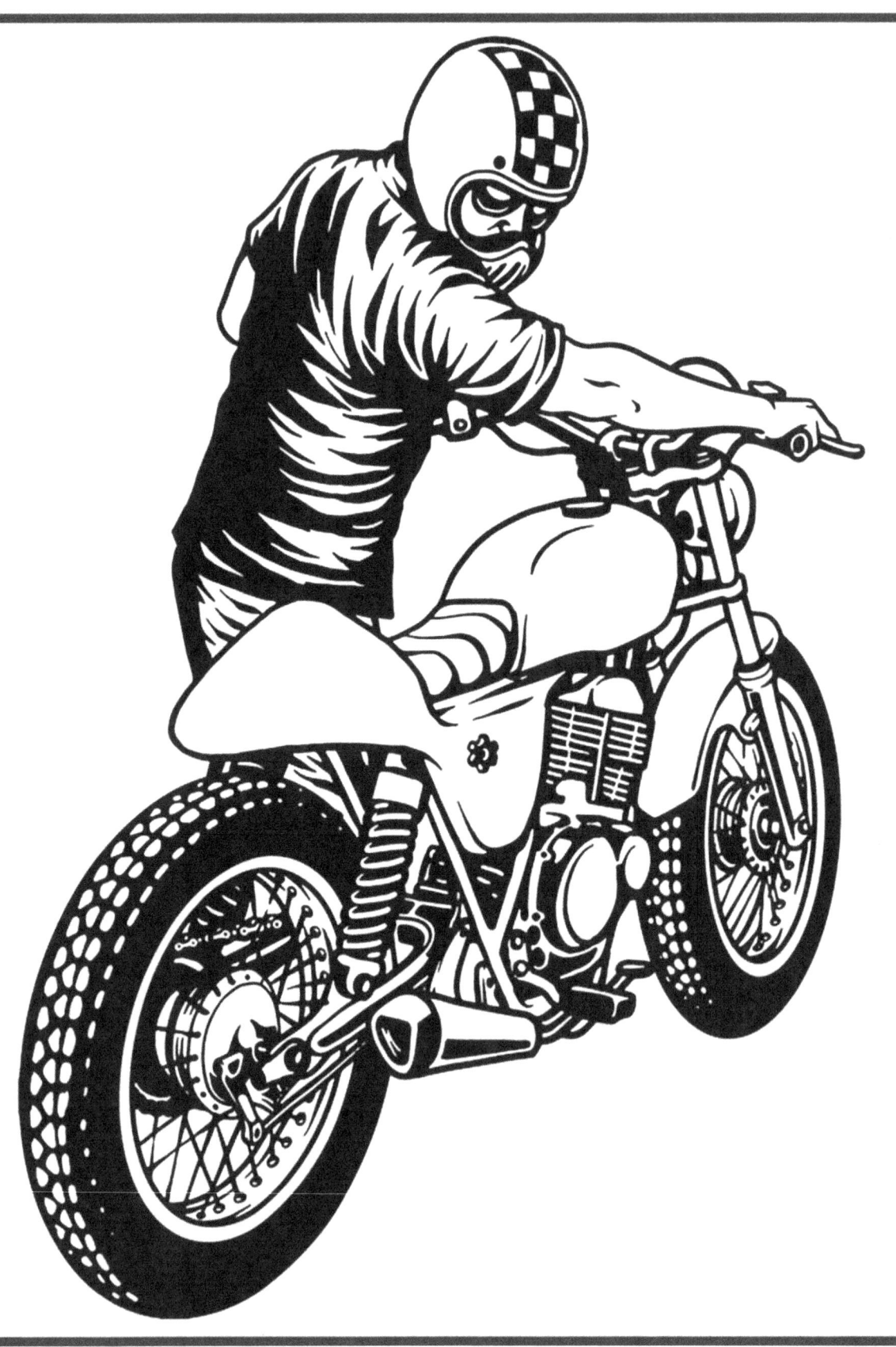

BICICLETA SUCIA LIBRO DE COLOREAR

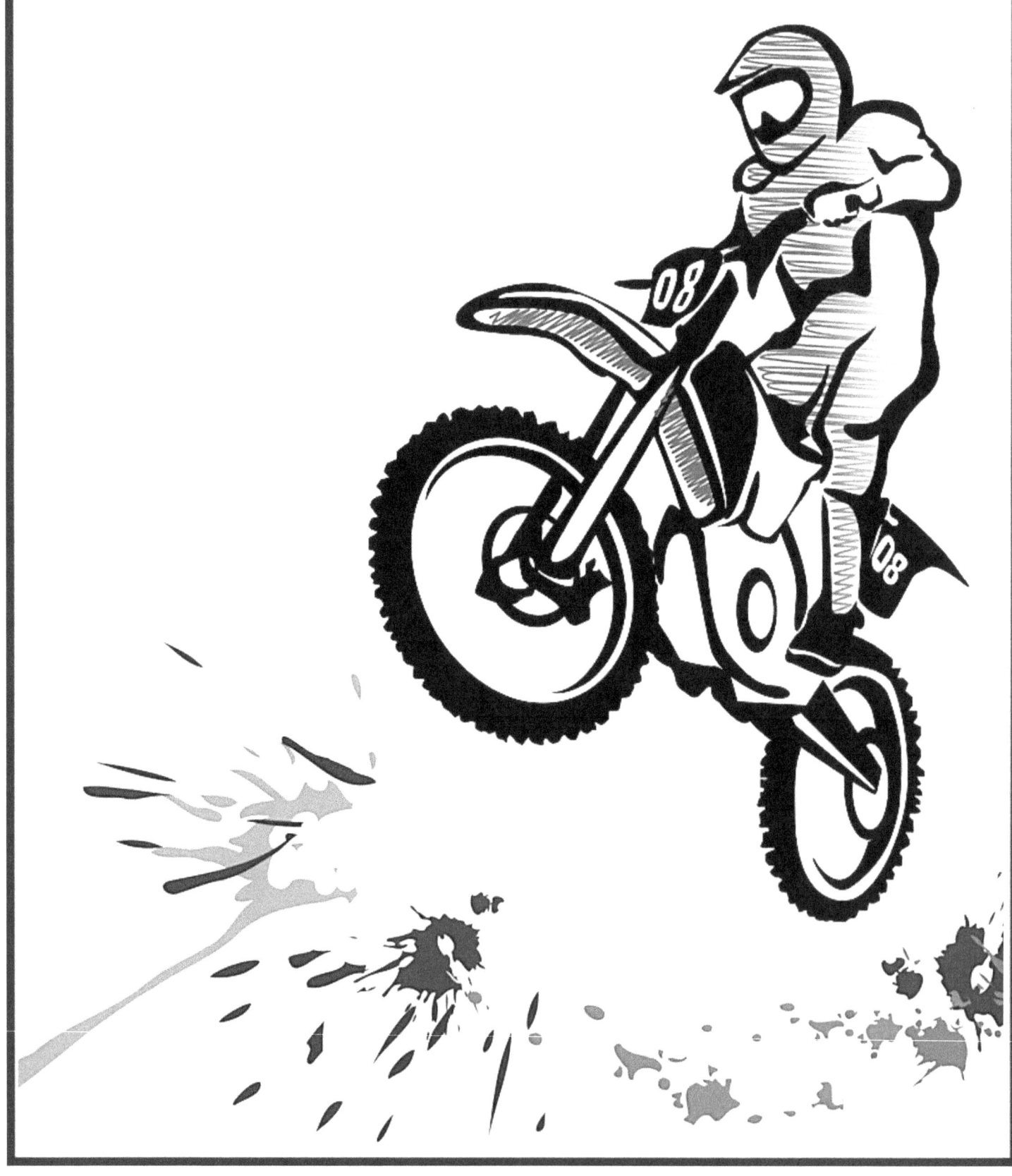

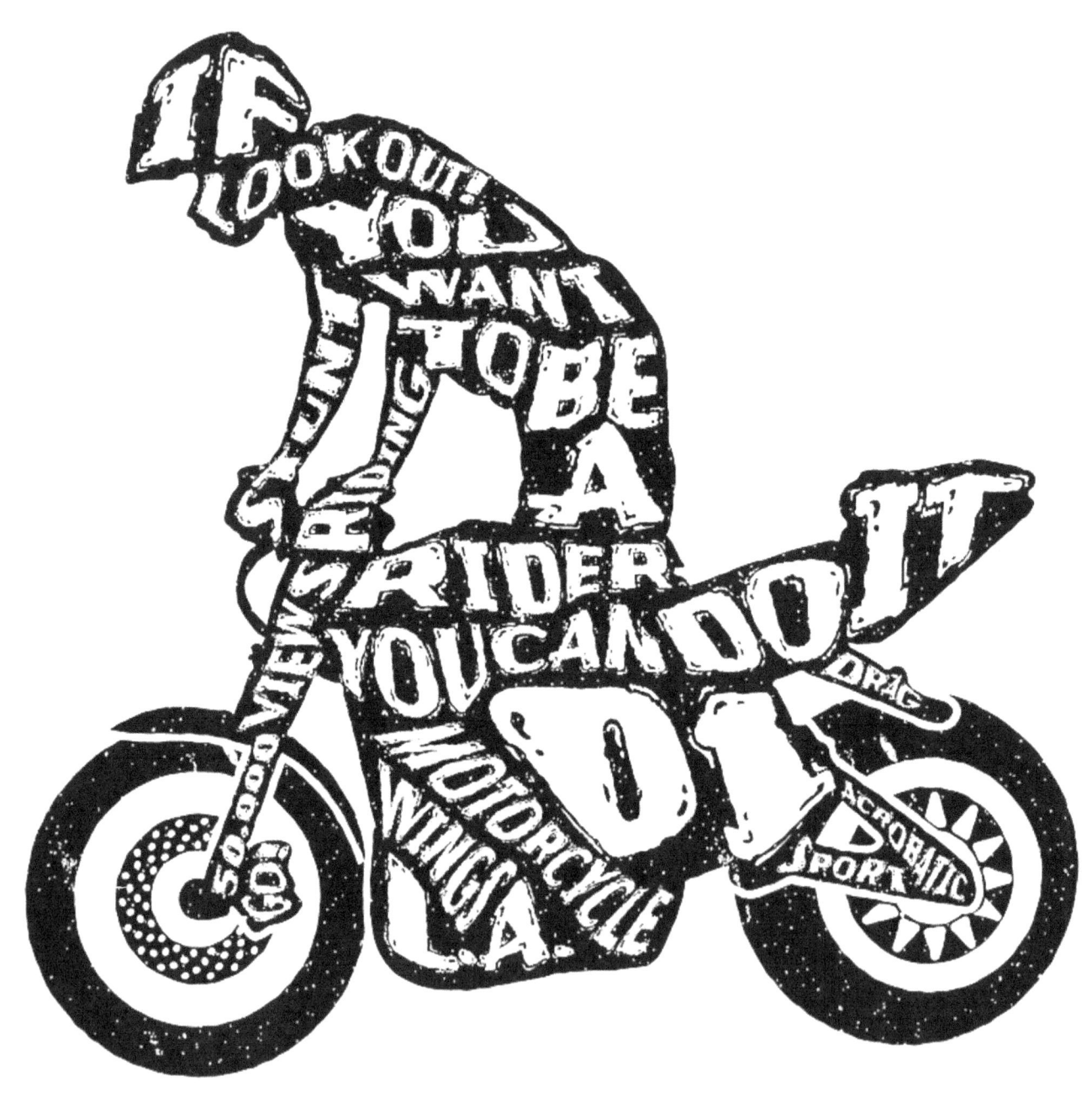

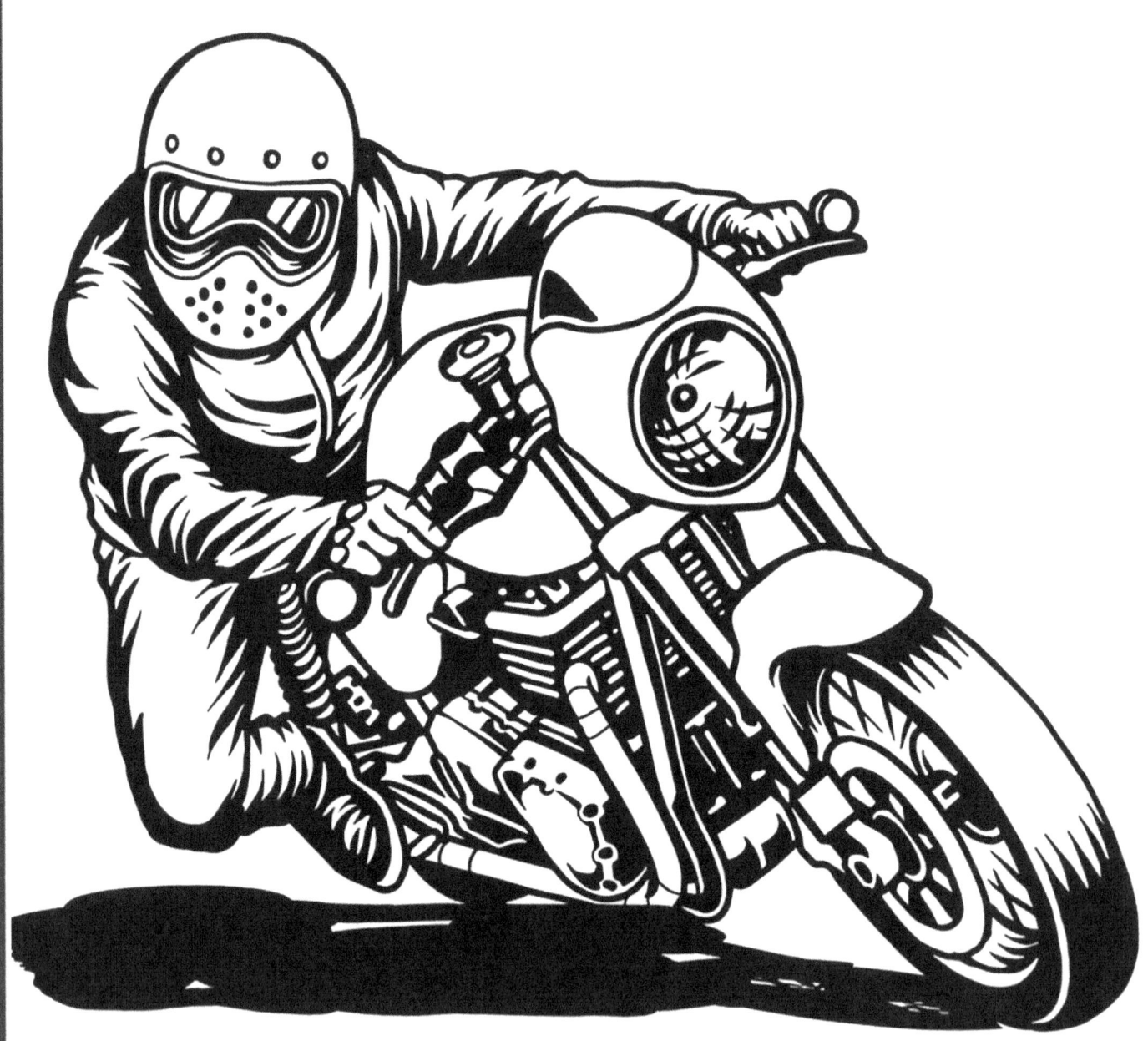

BICICLETA SUCIA LIBRO DE COLOREAR

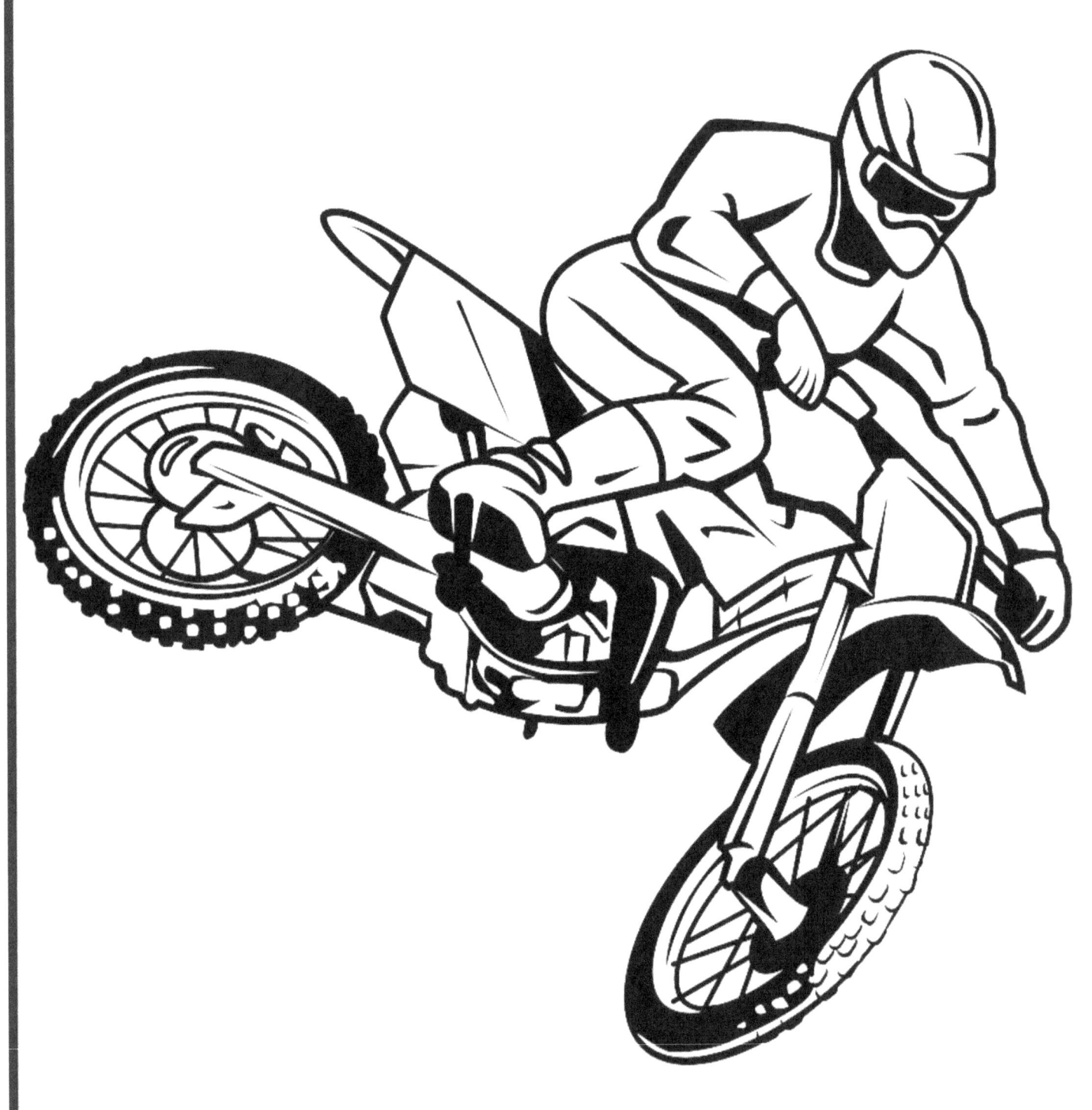

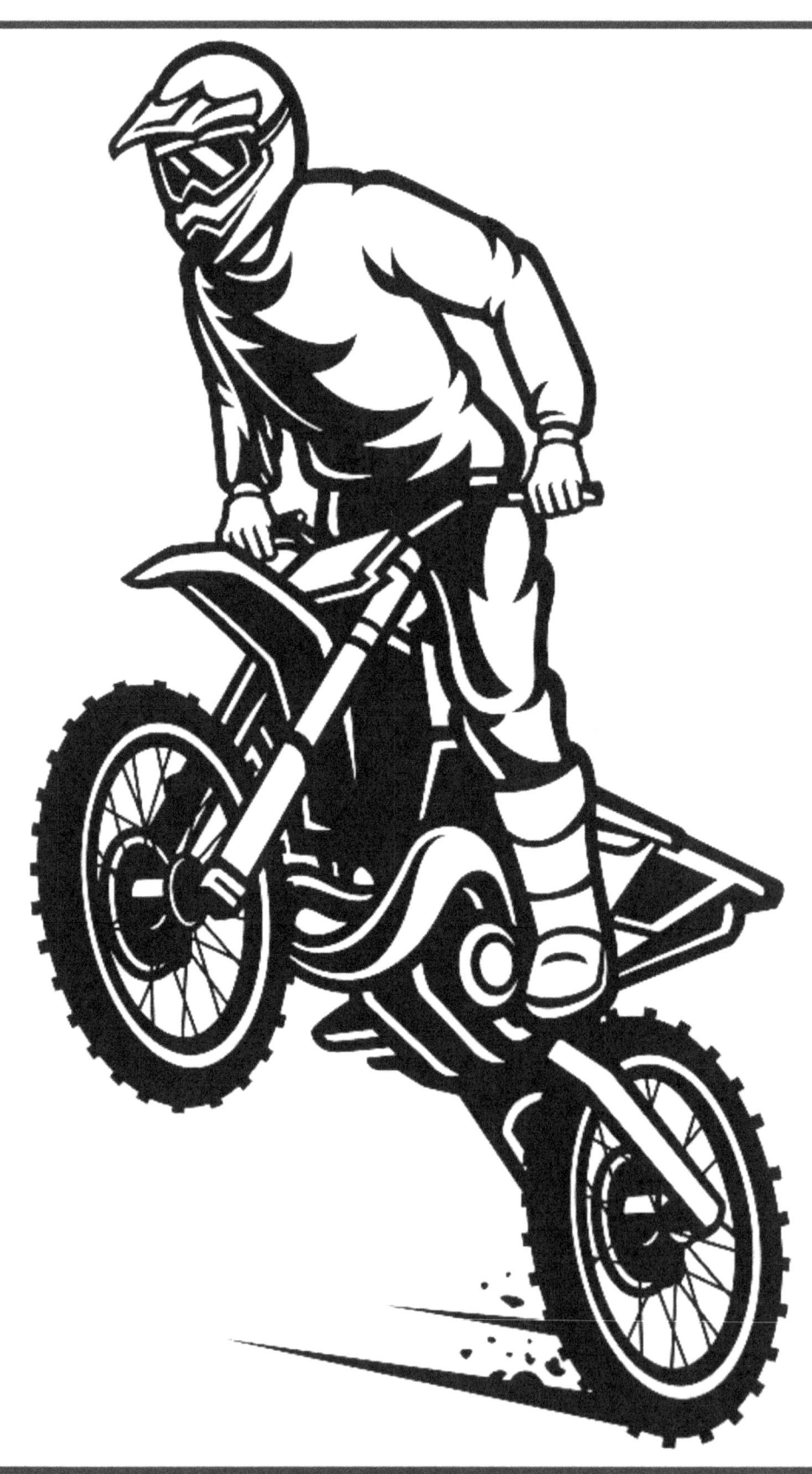

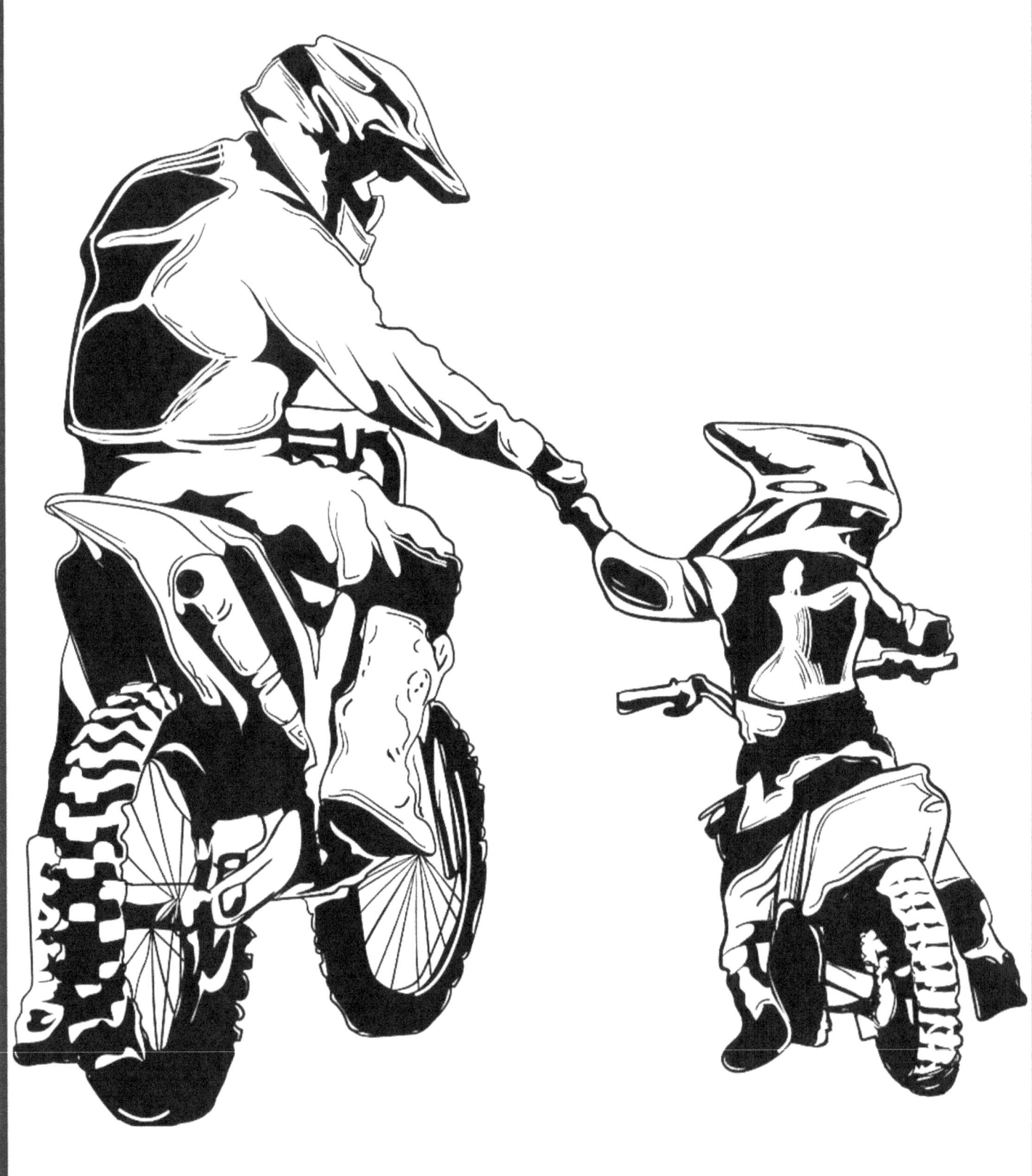

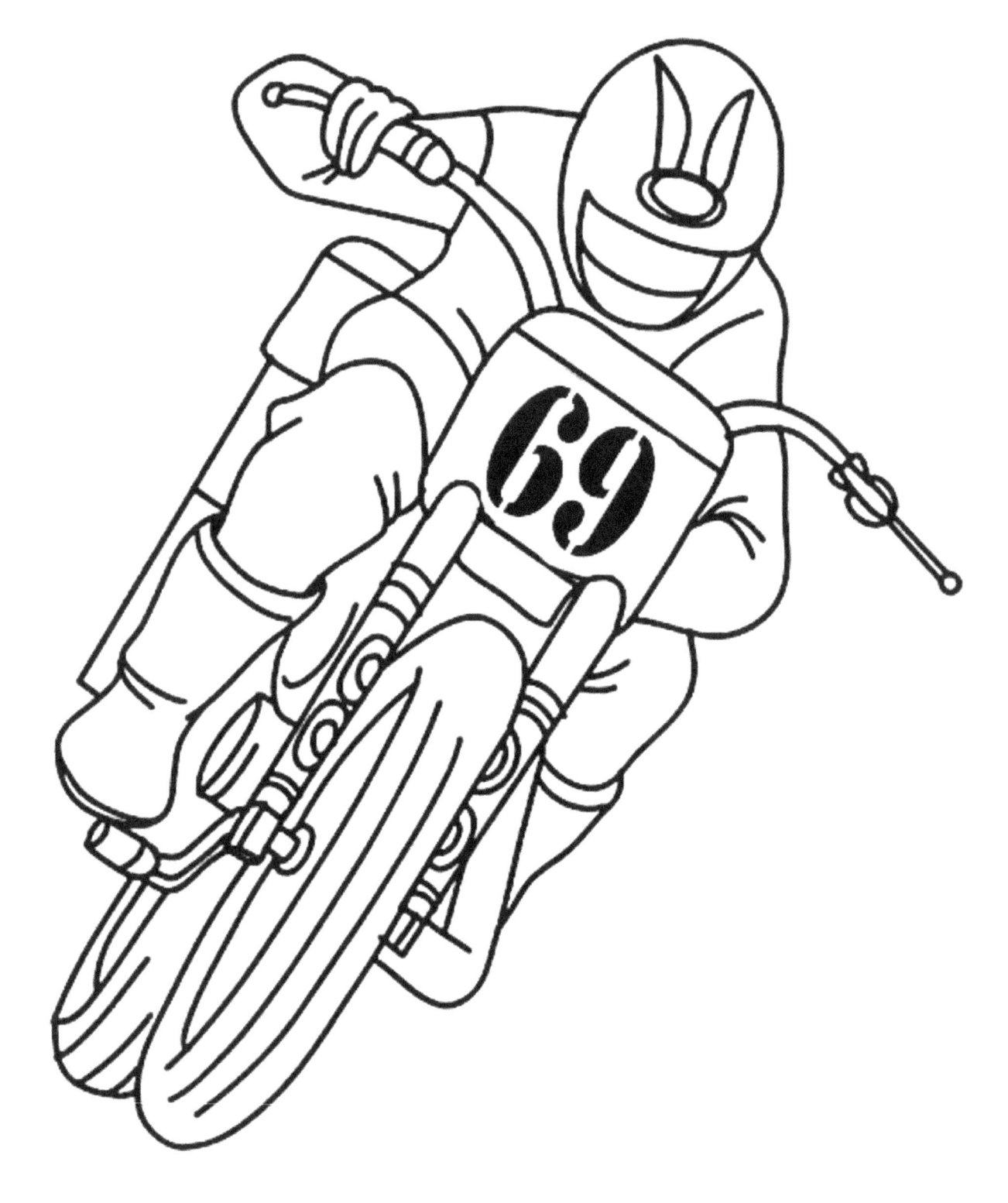

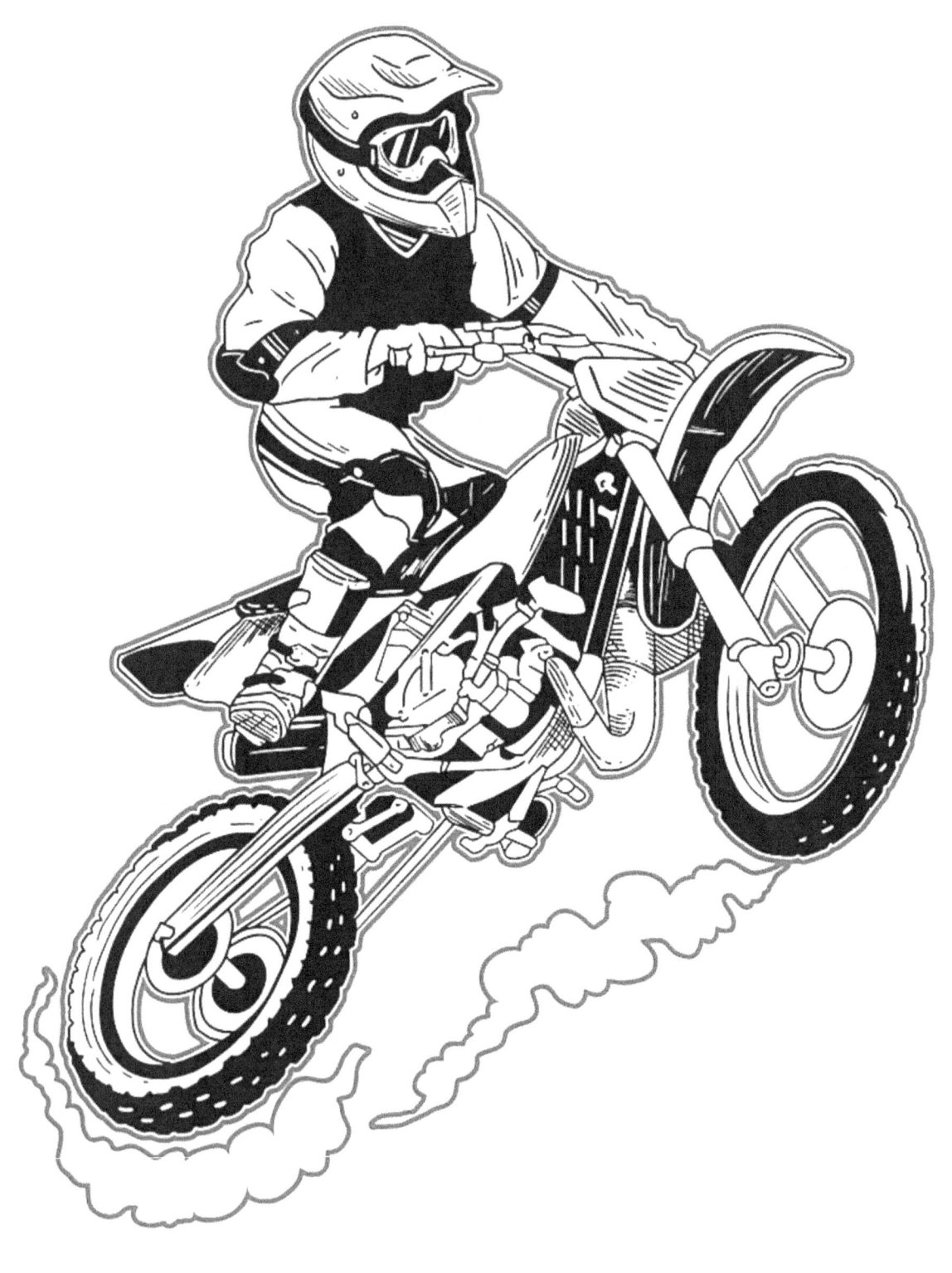

BICICLETA SUCIA LIBRO DE COLOREAR

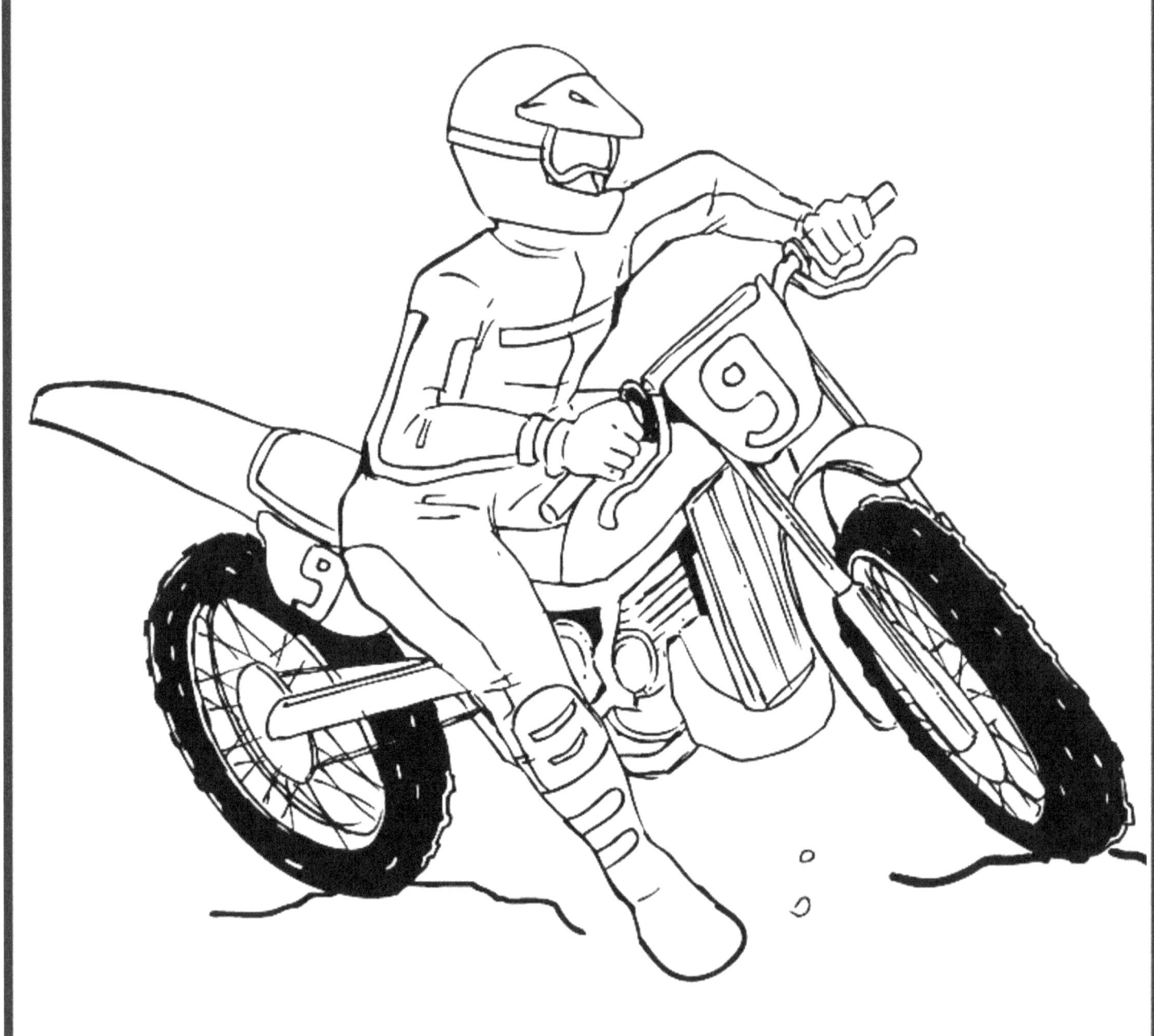

BICICLETA SUCIA LIBRO DE COLOREAR

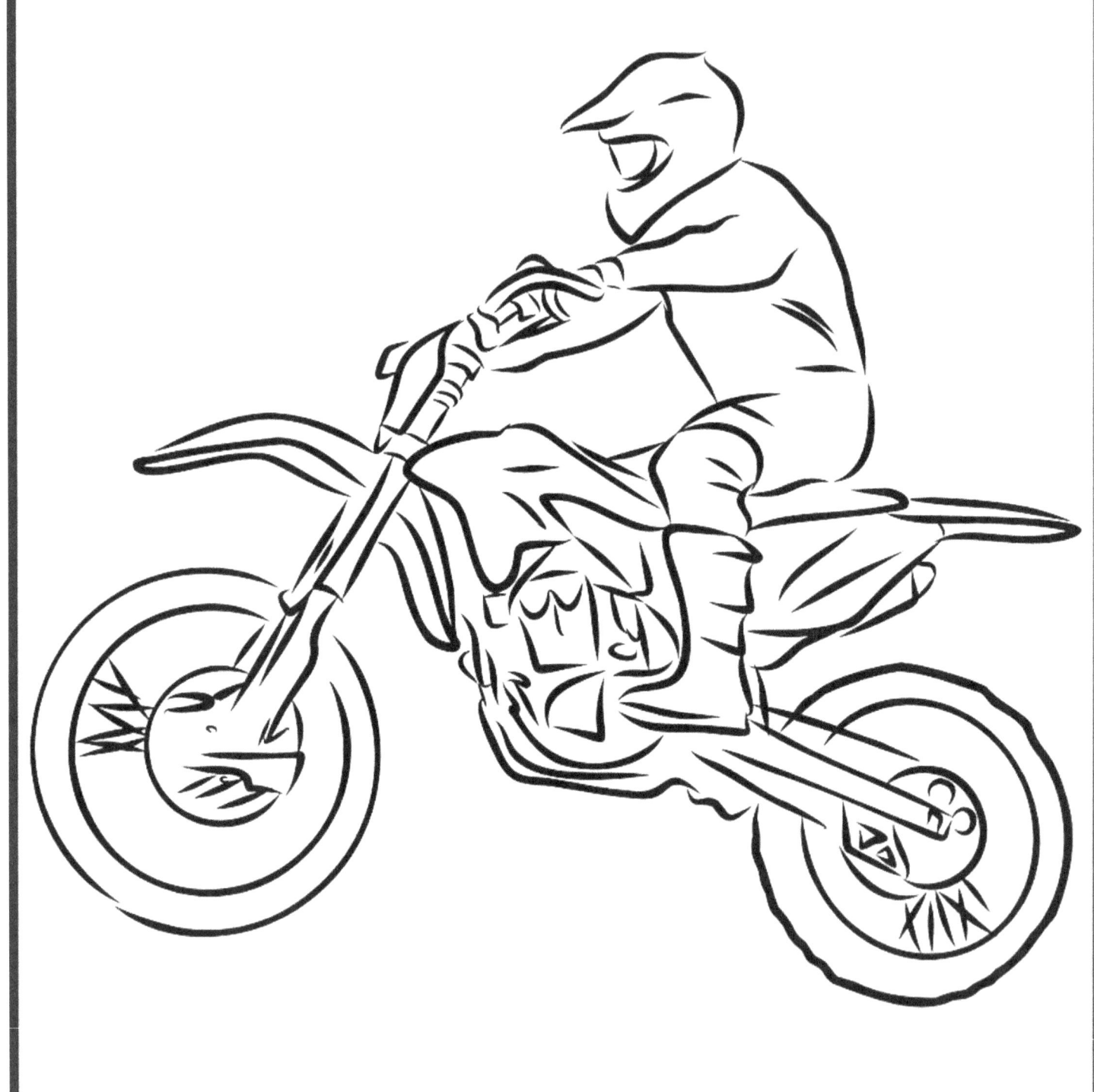

BICICLETA SUCIA LIBRO DE COLOREAR

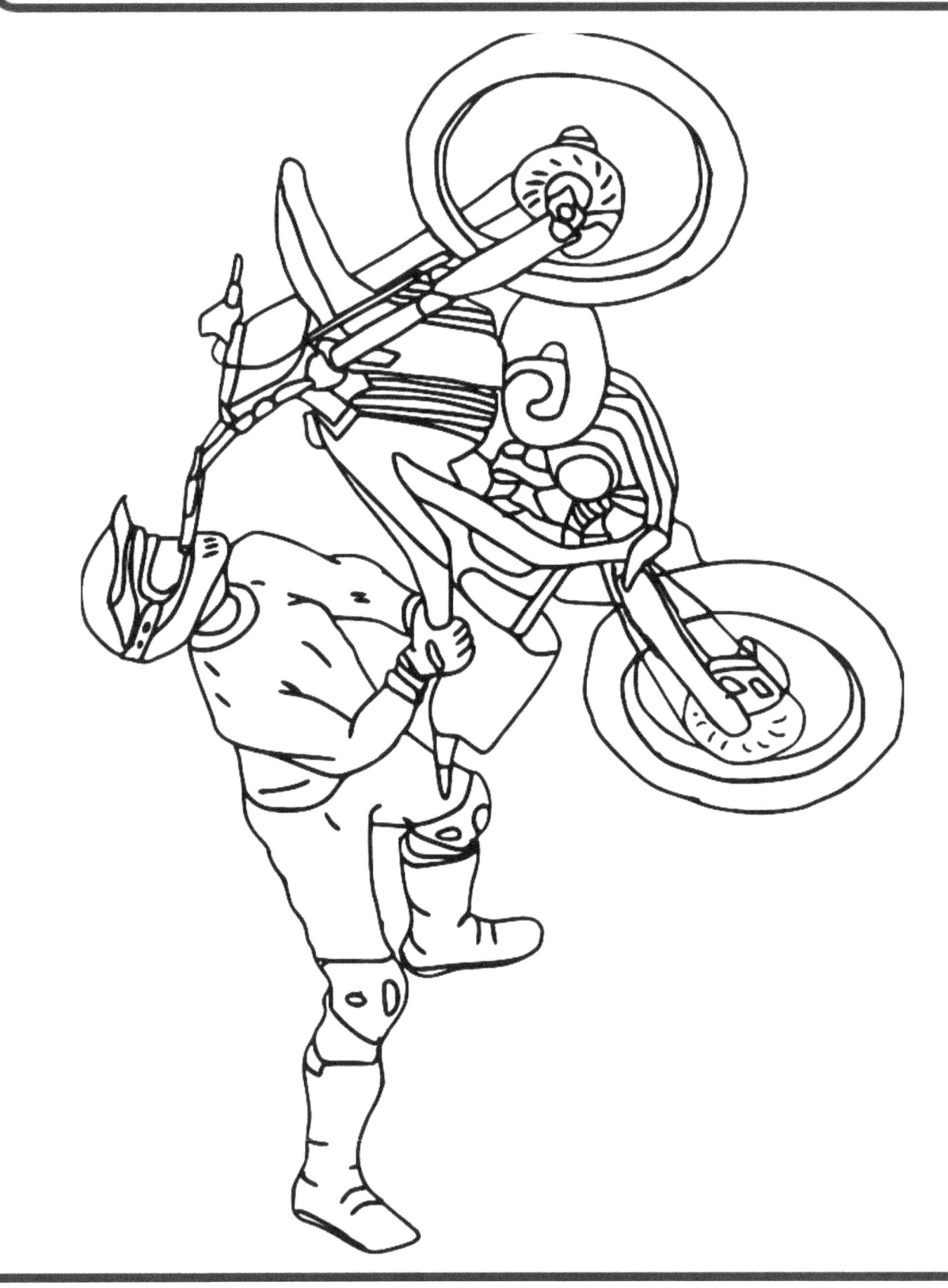

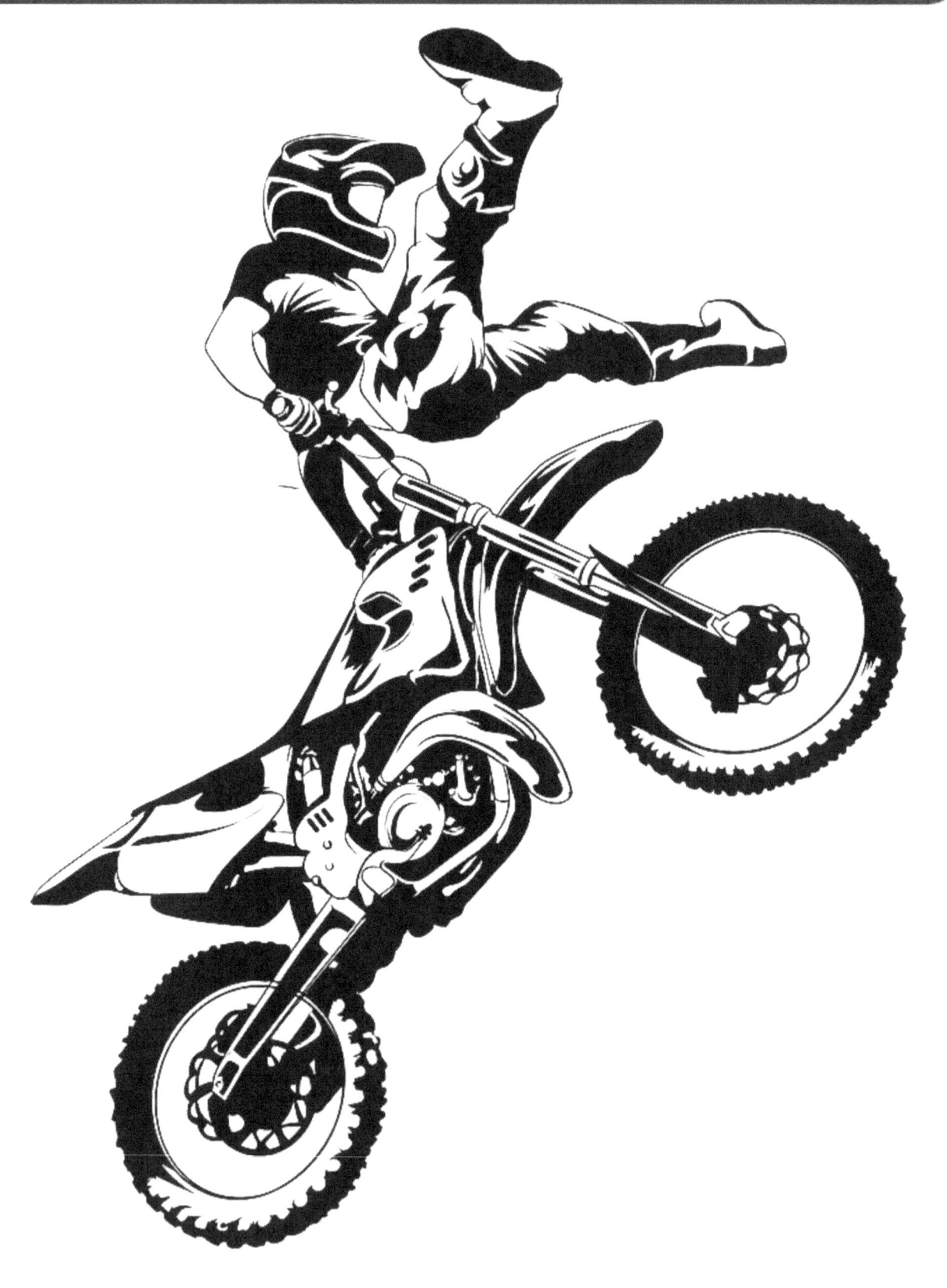

BICICLETA SUCIA LIBRO DE COLOREAR

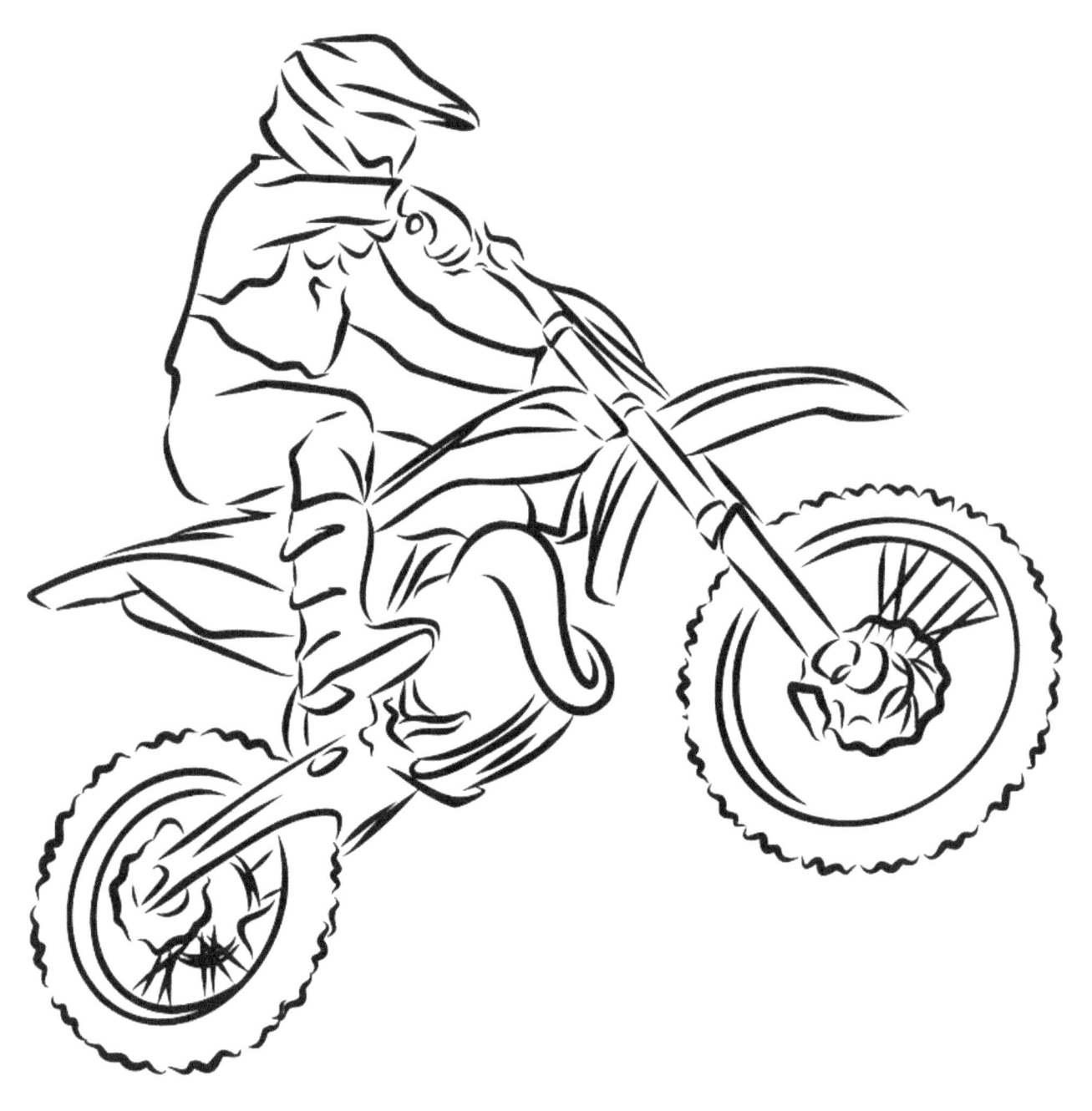

BICICLETA SUCIA LIBRO DE COLOREAR

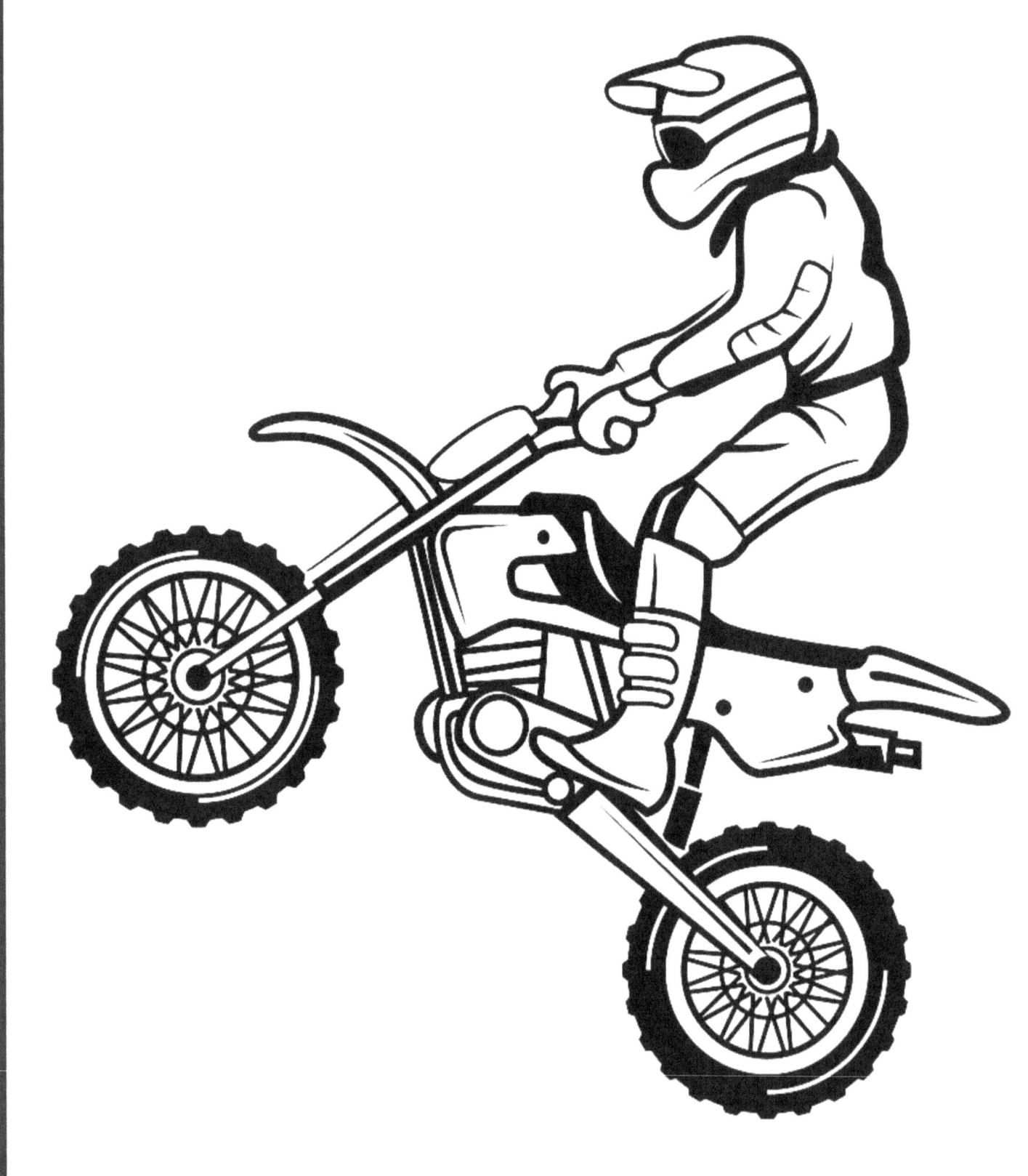

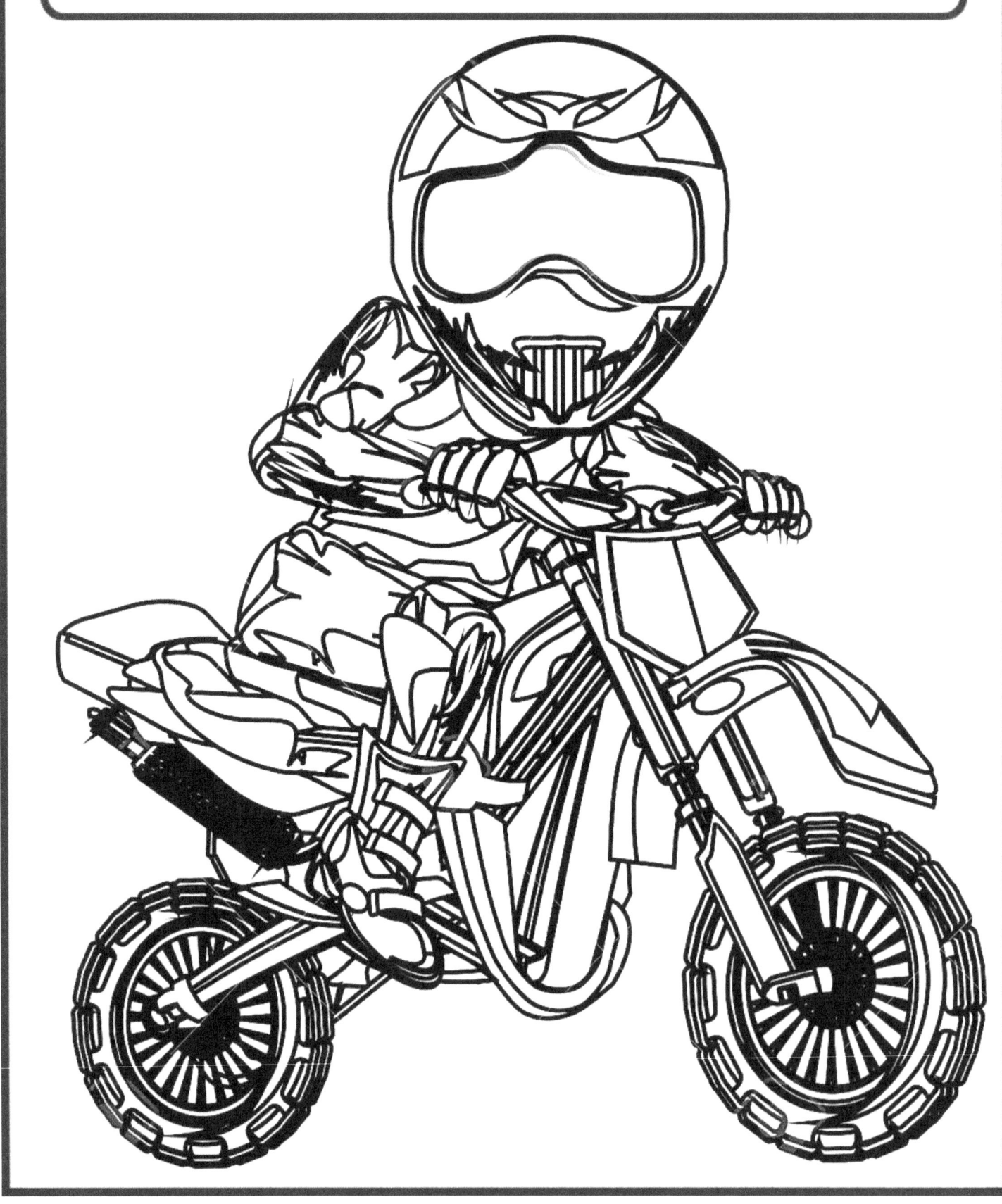

BICICLETA SUCIA LIBRO DE COLOREAR

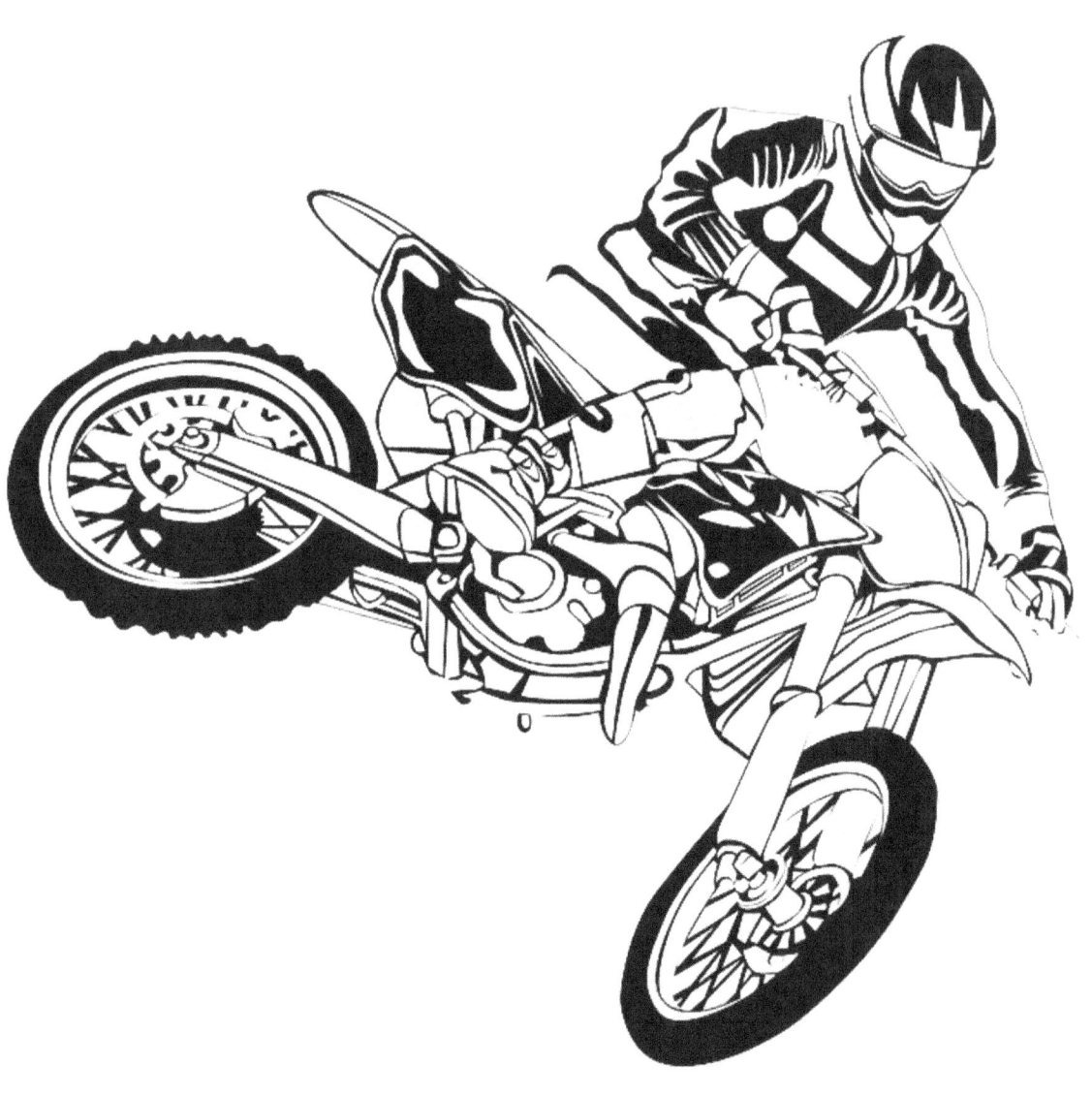

BICICLETA SUCIA LIBRO DE COLOREAR

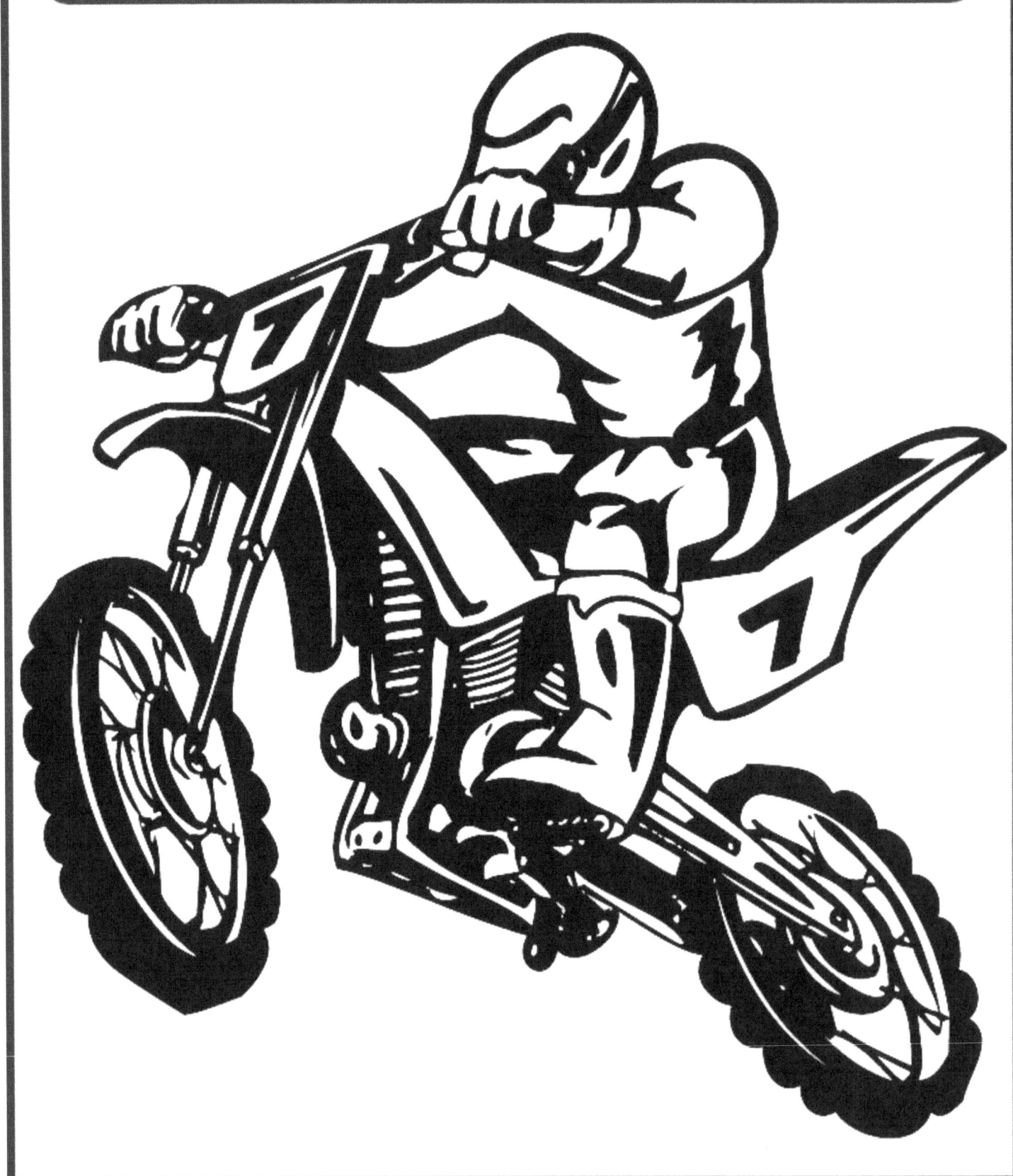

BICICLETA SUCIA LIBRO DE COLOREAR

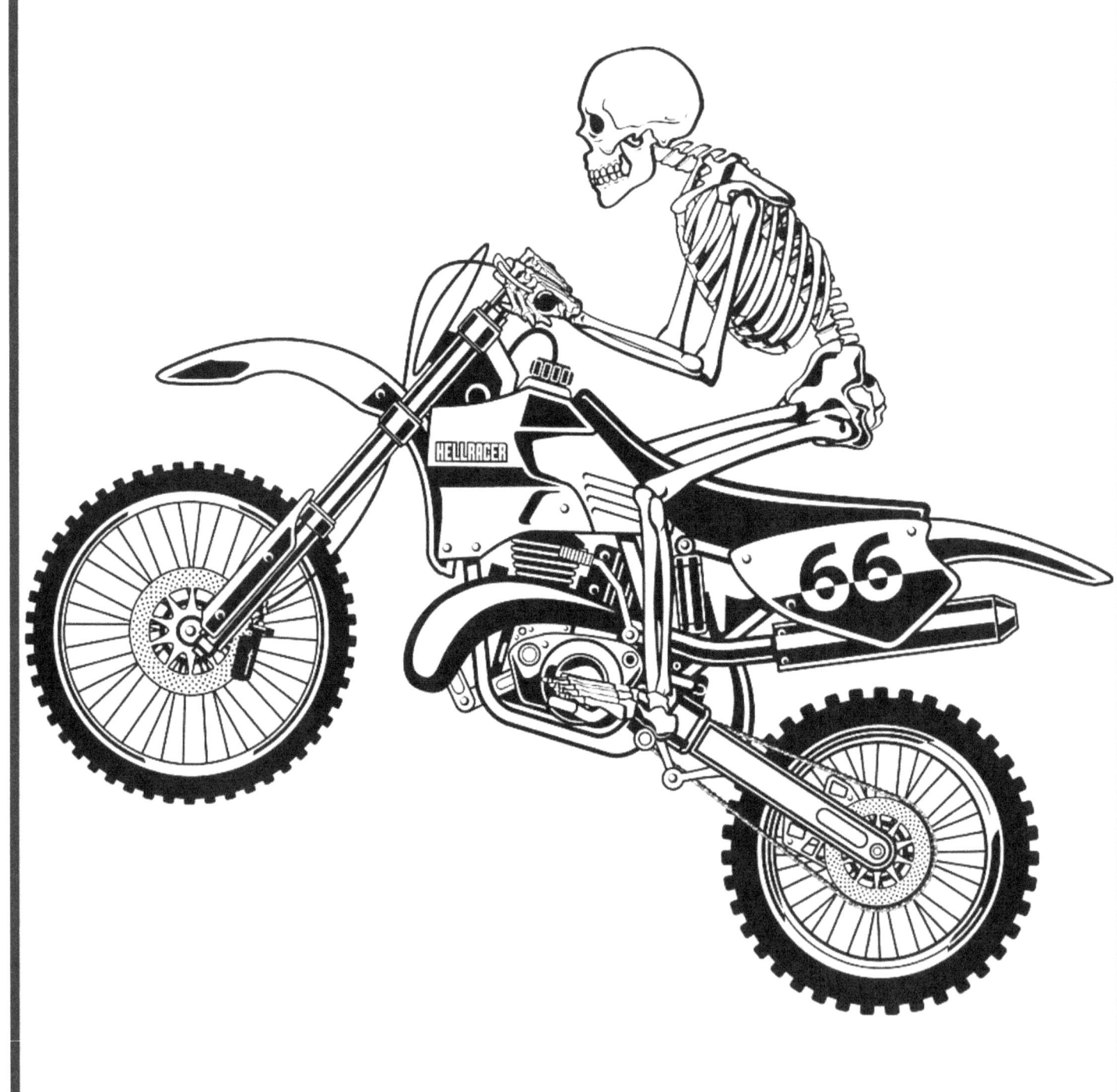

BICICLETA SUCIA LIBRO DE COLOREAR

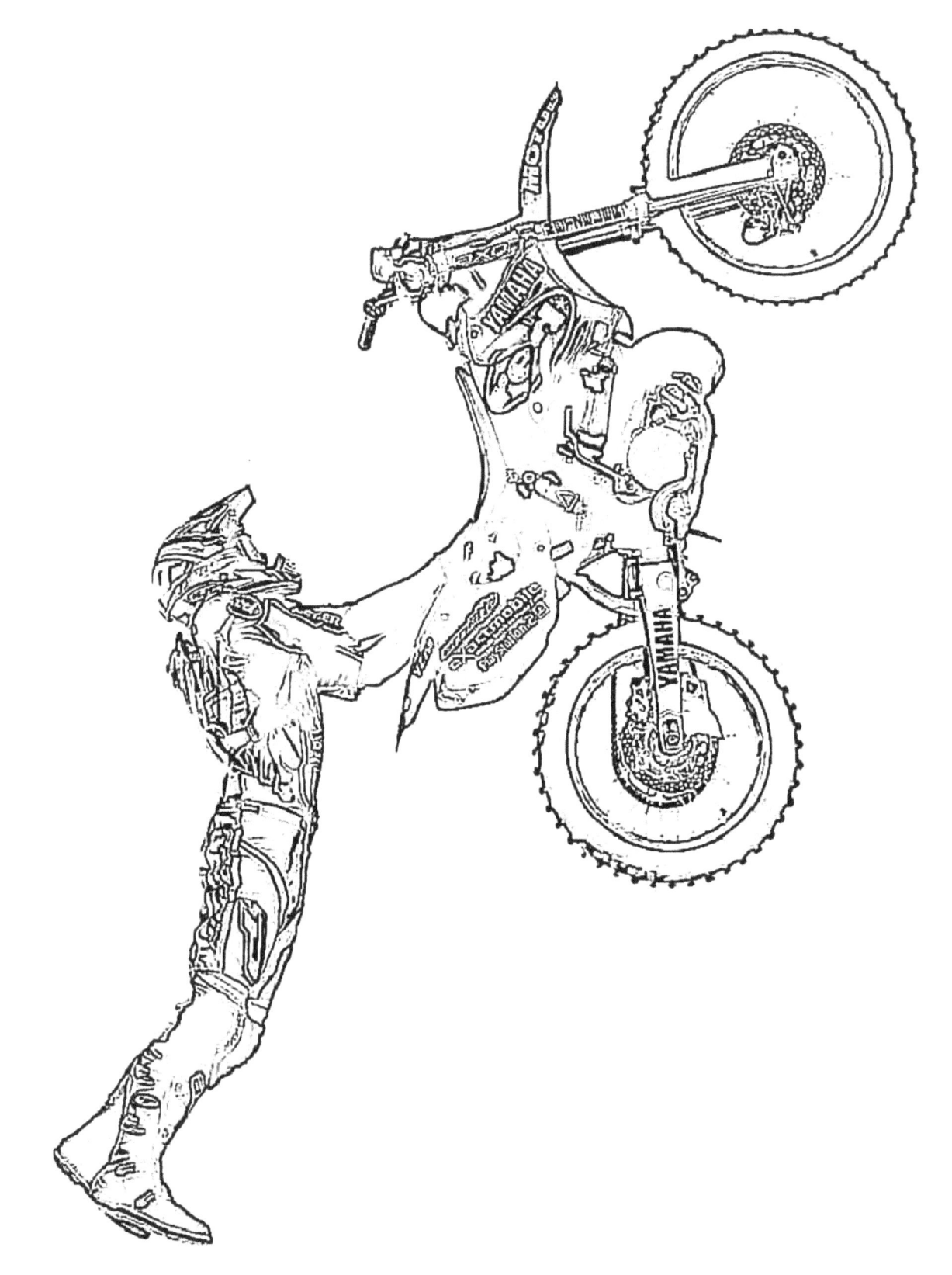

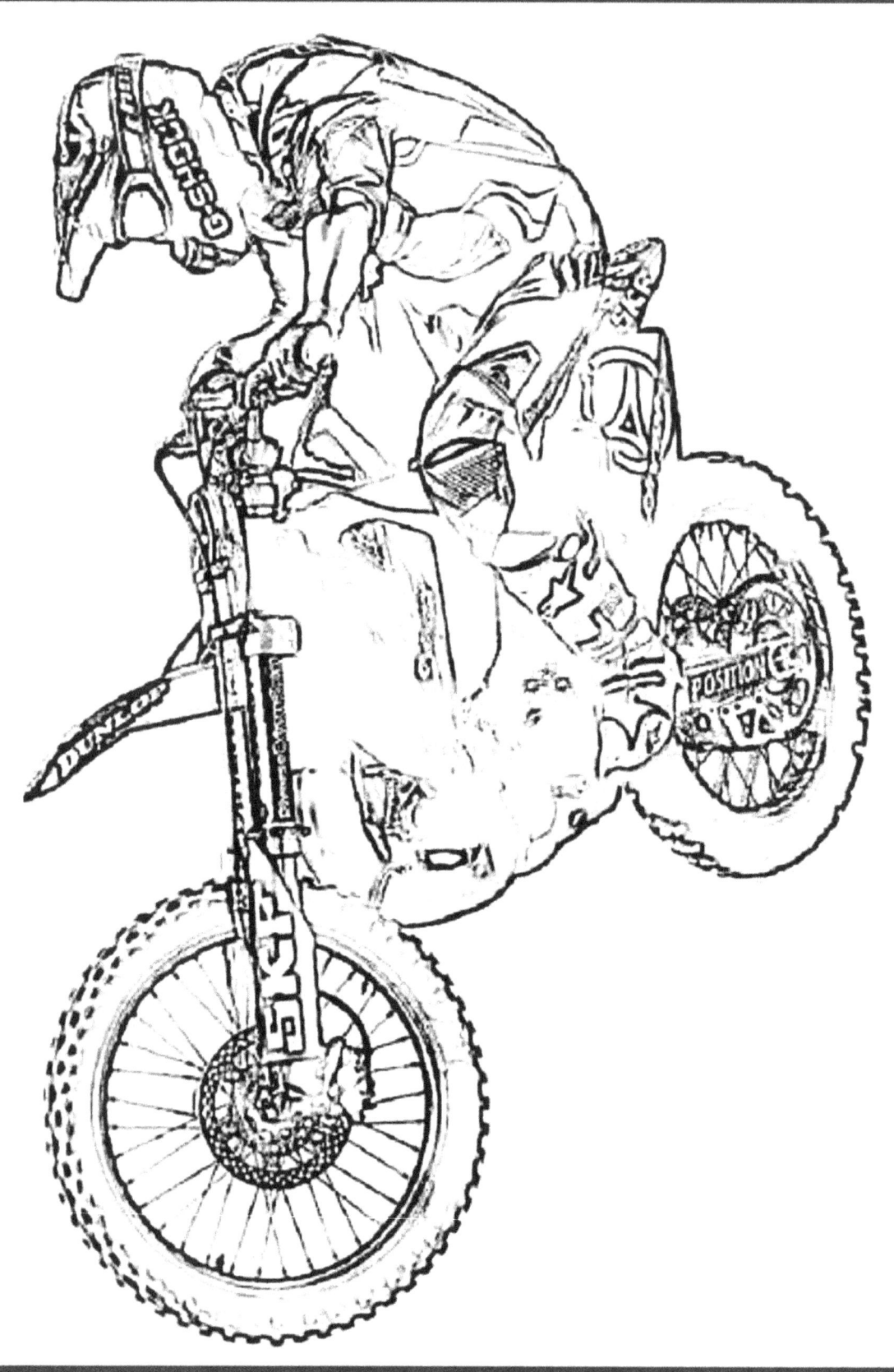

BICICLETA SUCIA LIBRO DE COLOREAR

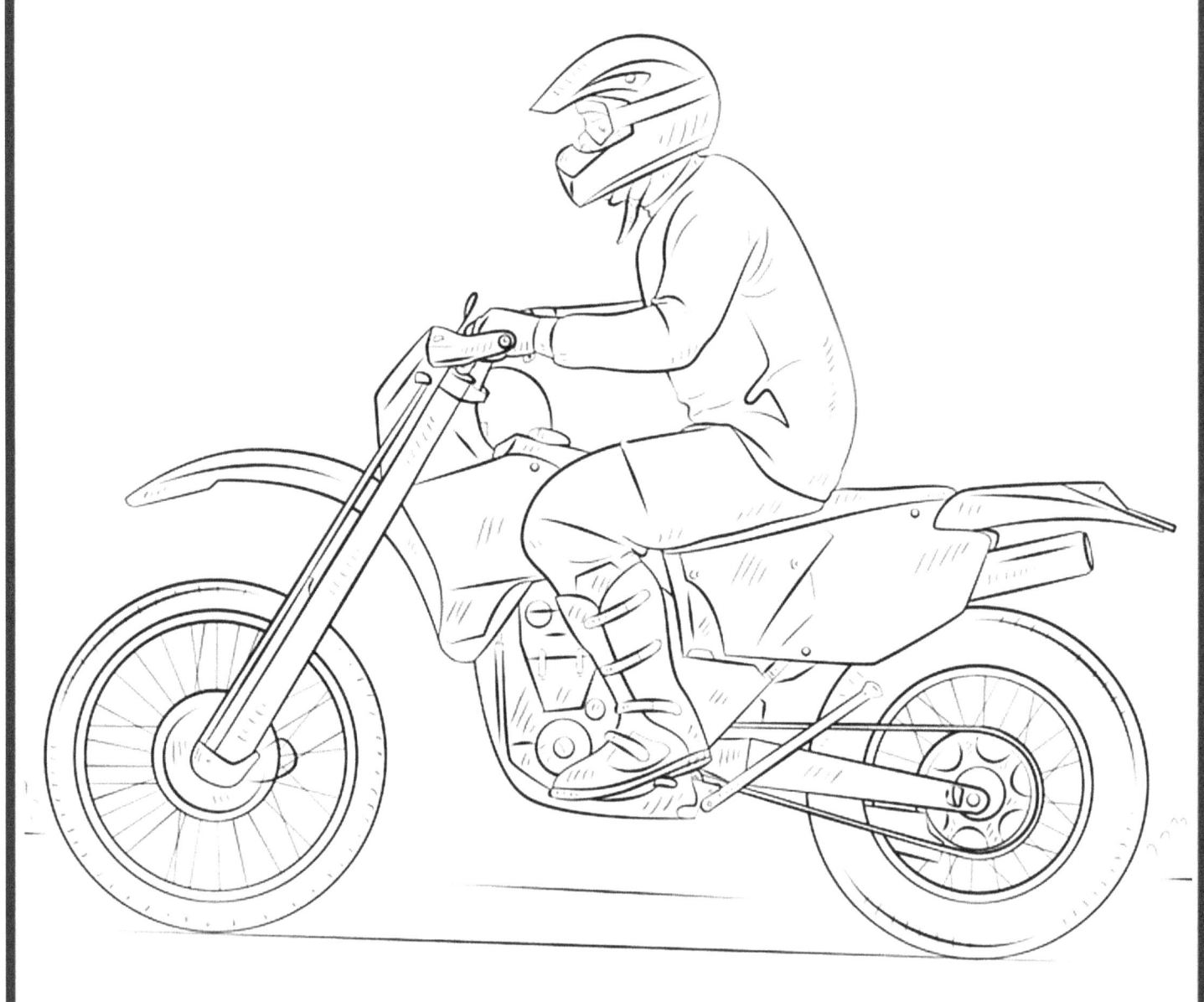

BICICLETA SUCIA LIBRO DE COLOREAR

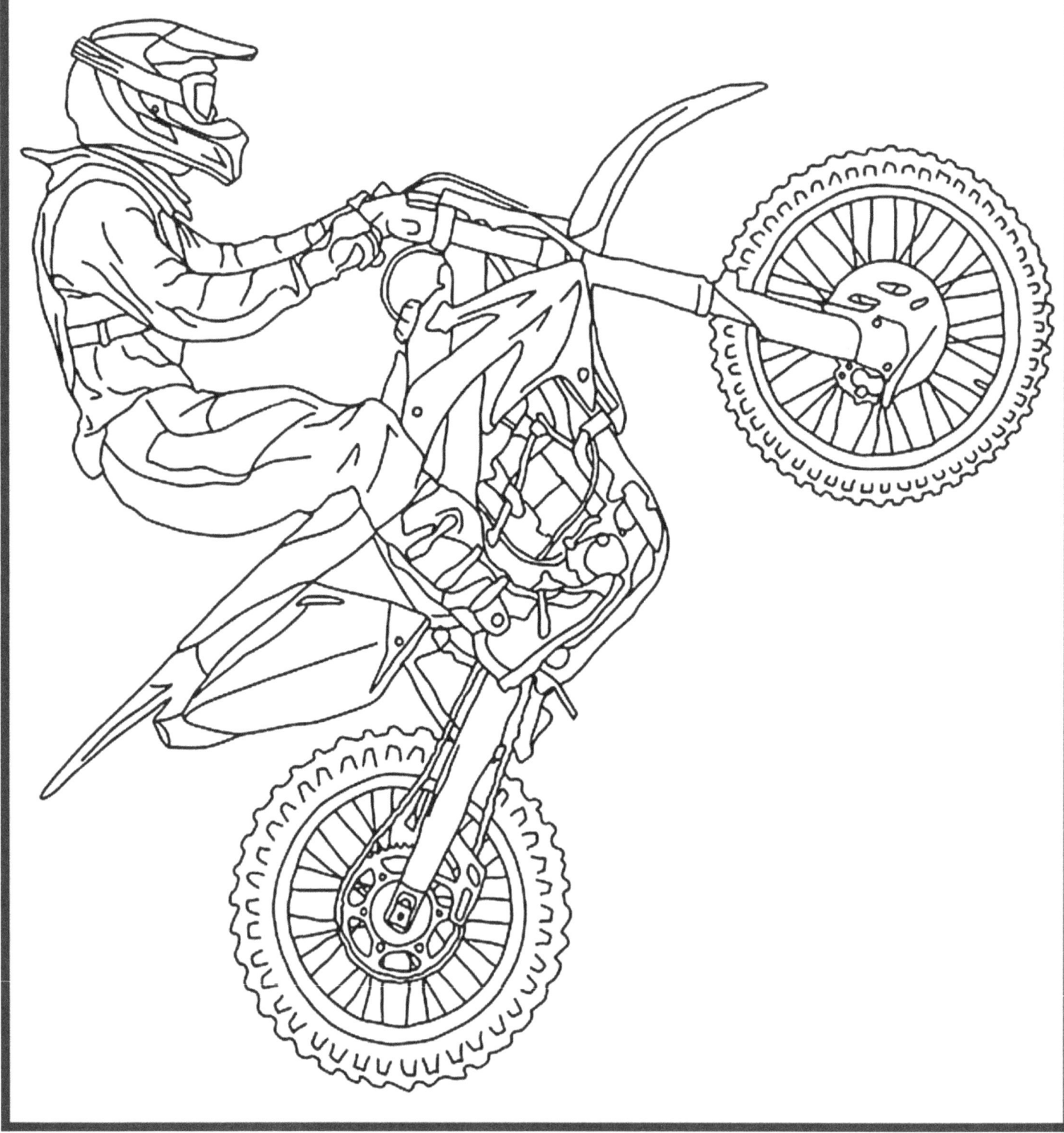

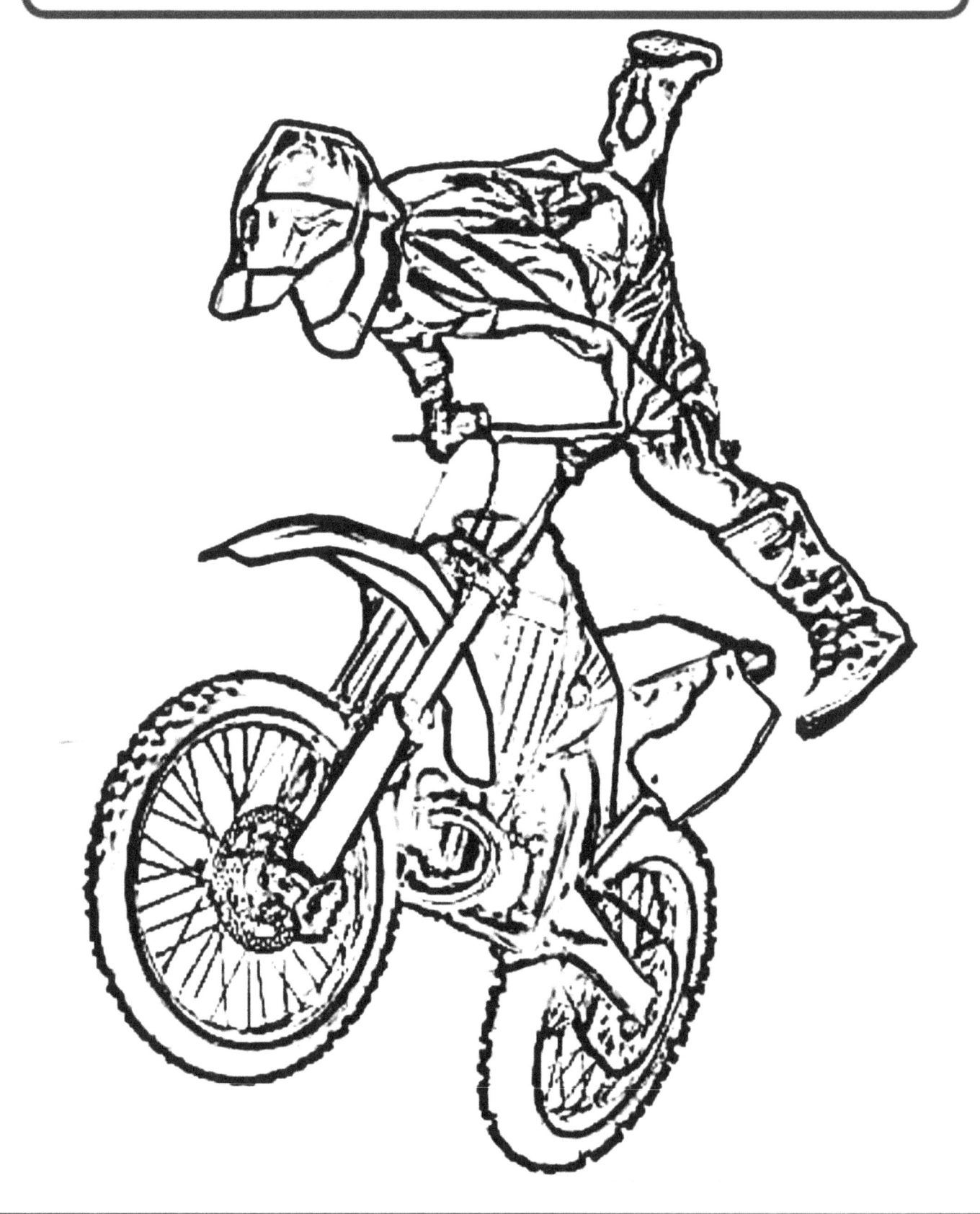

BICICLETA SUCIA LIBRO DE COLOREAR

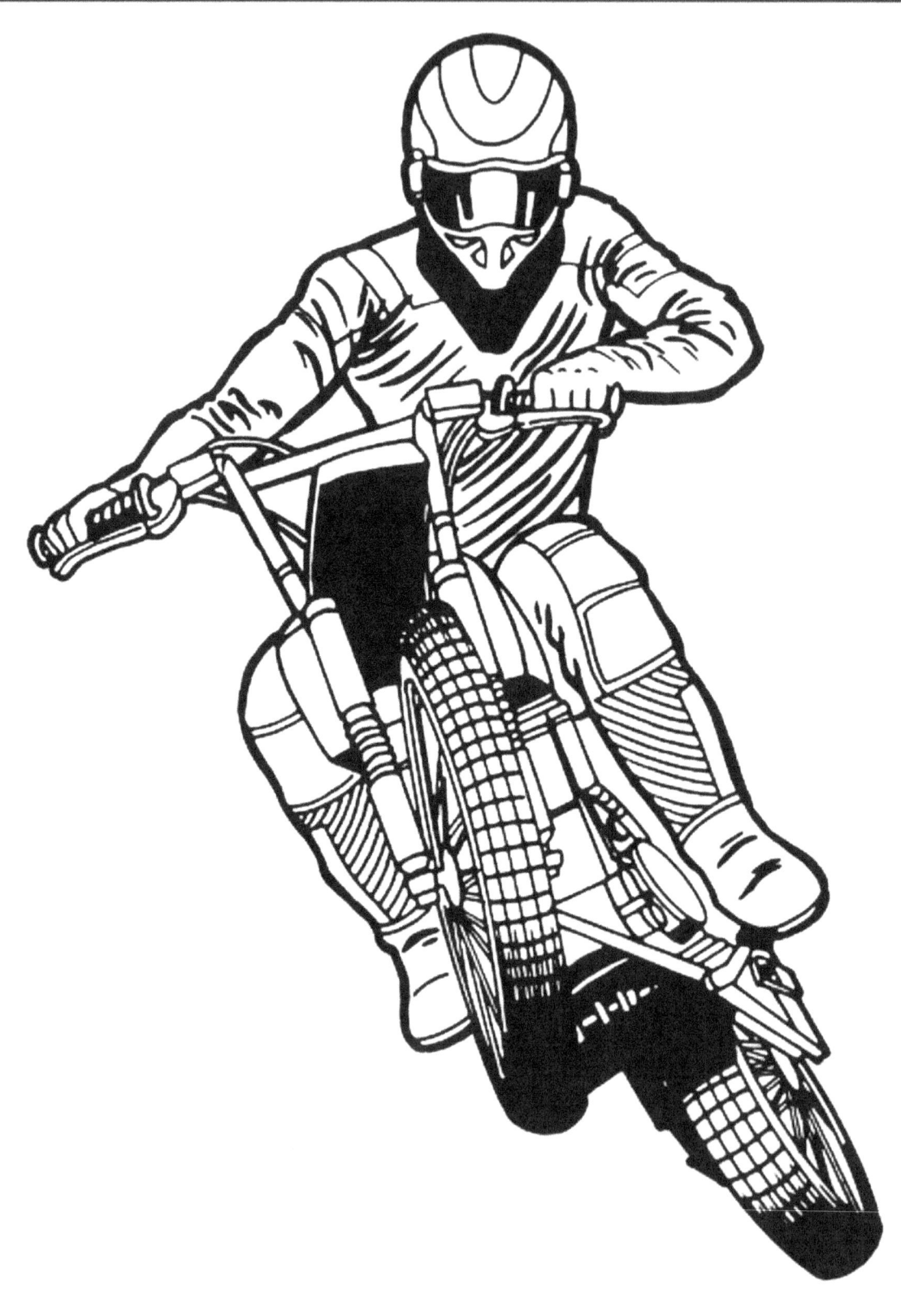

BICICLETA SUCIA LIBRO DE COLOREAR

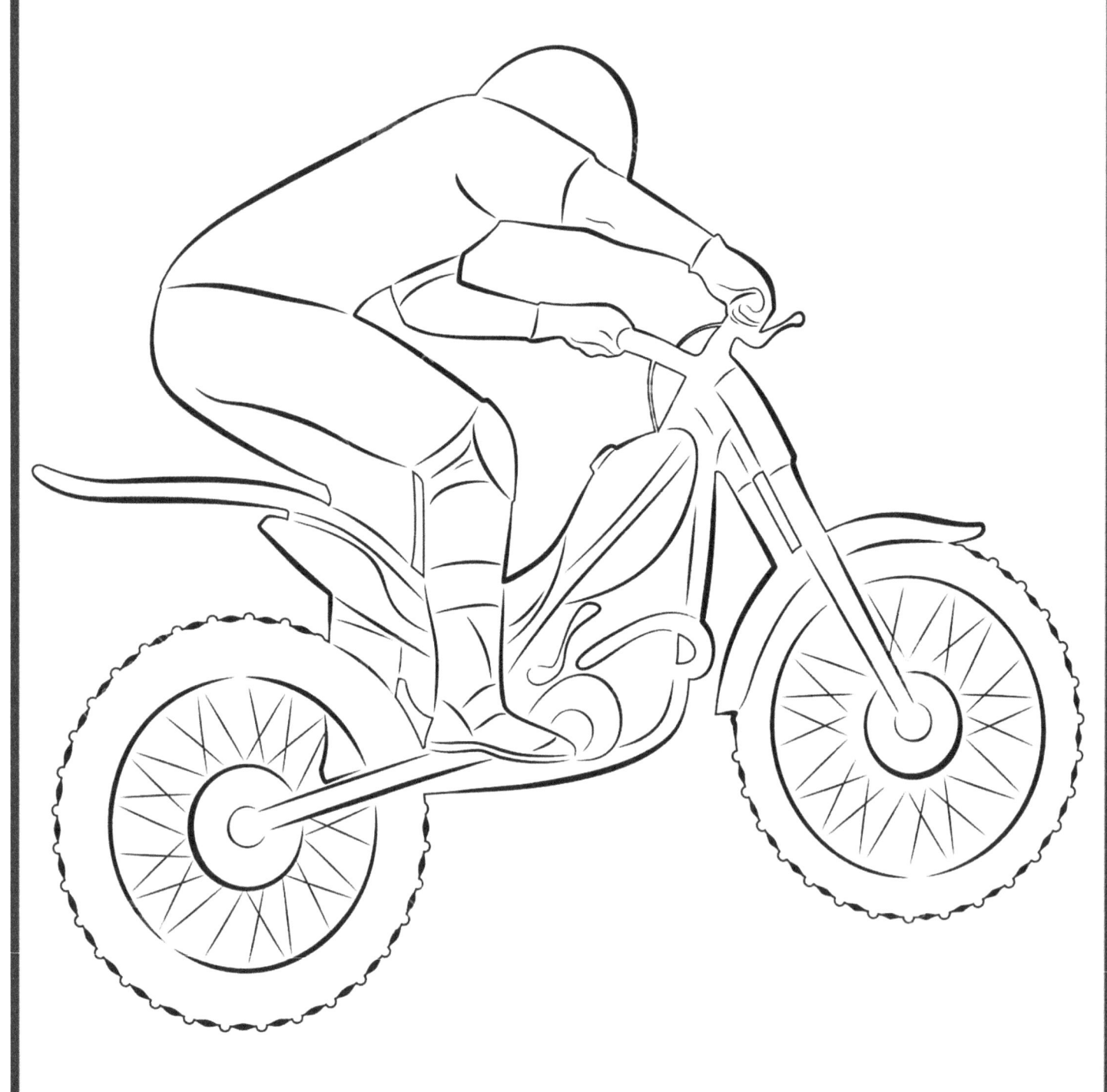

BICICLETA SUCIA LIBRO DE COLOREAR

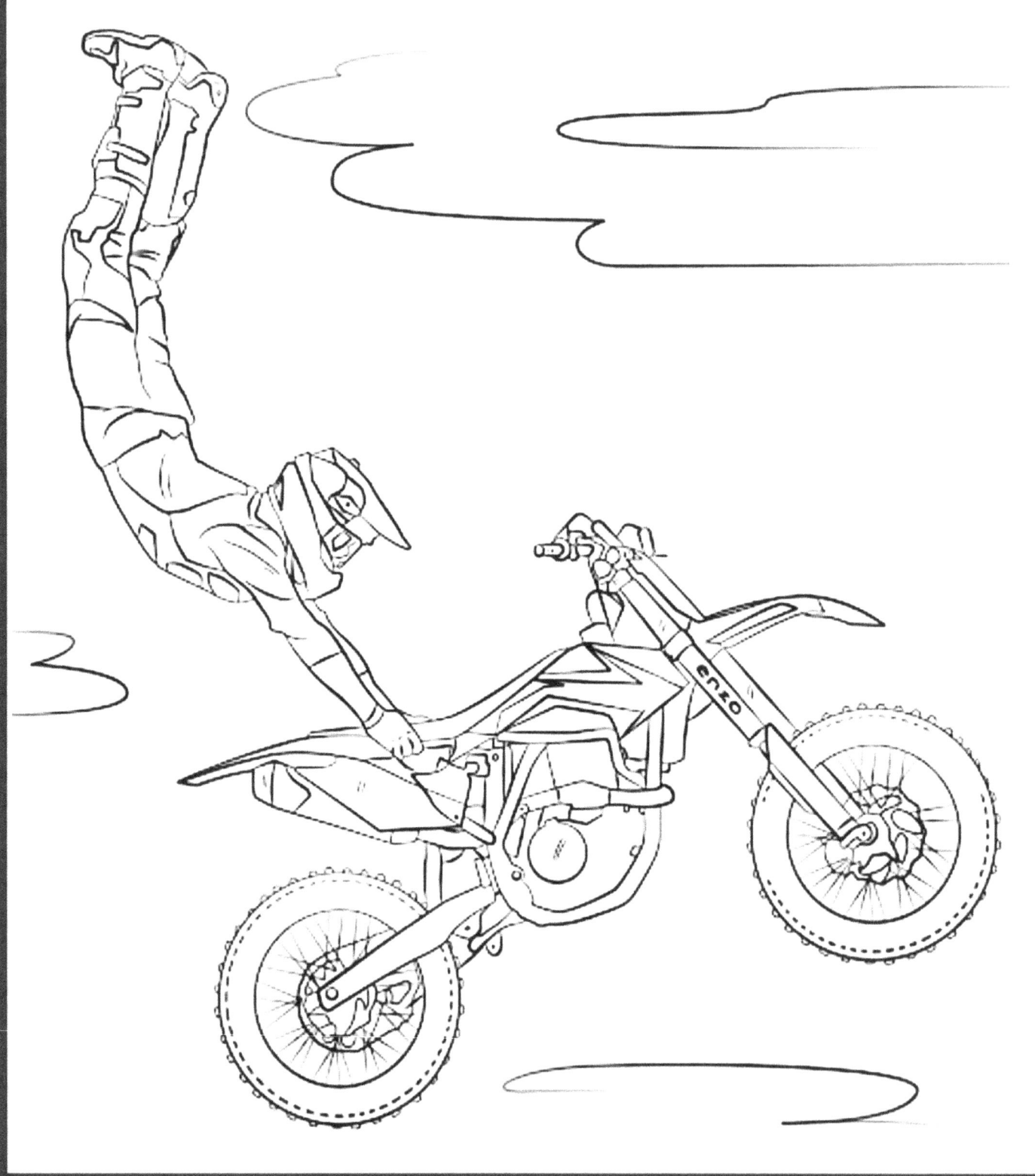

BICICLETA SUCIA LIBRO DE COLOREAR

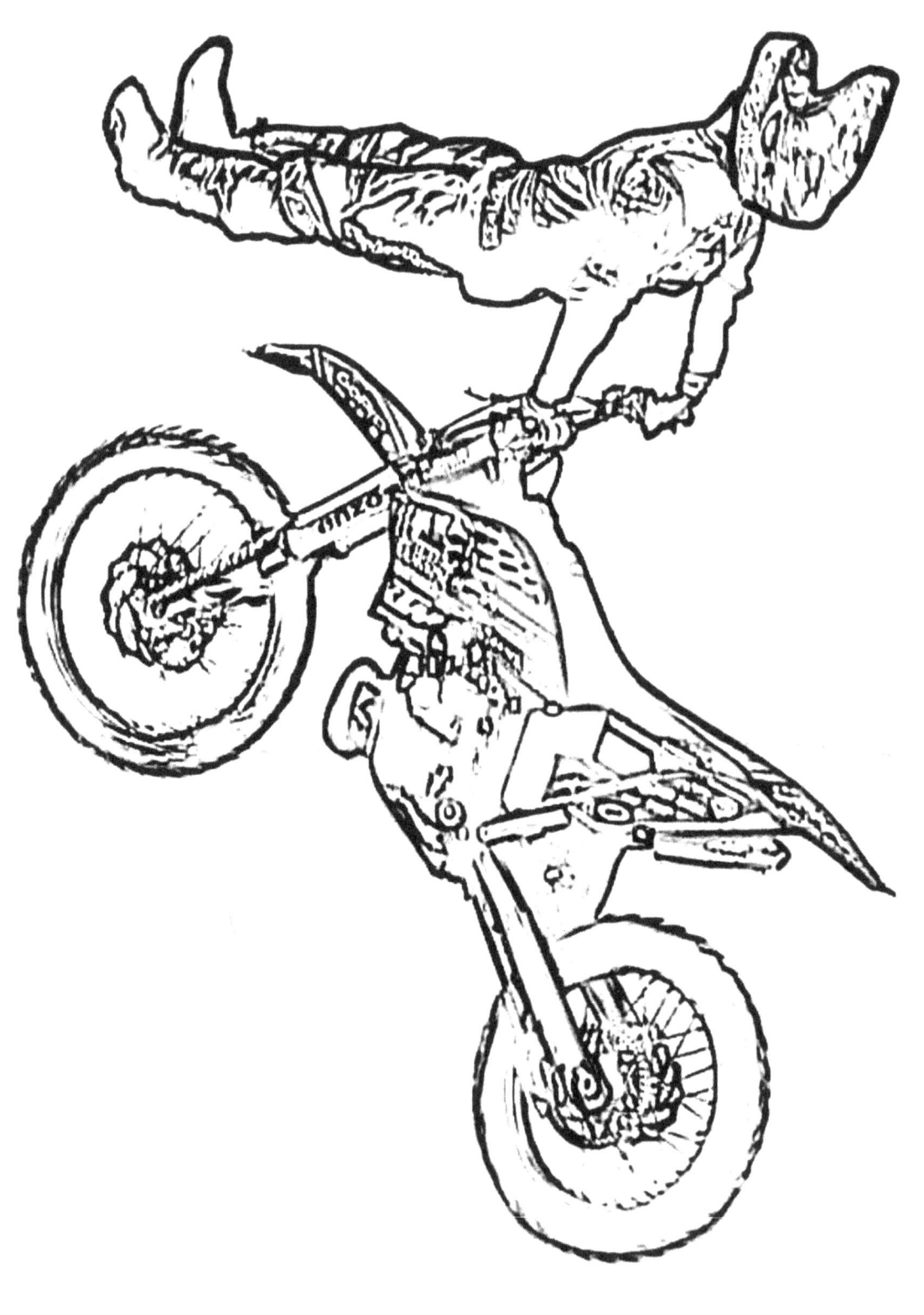

BICICLETA SUCIA LIBRO DE COLOREAR

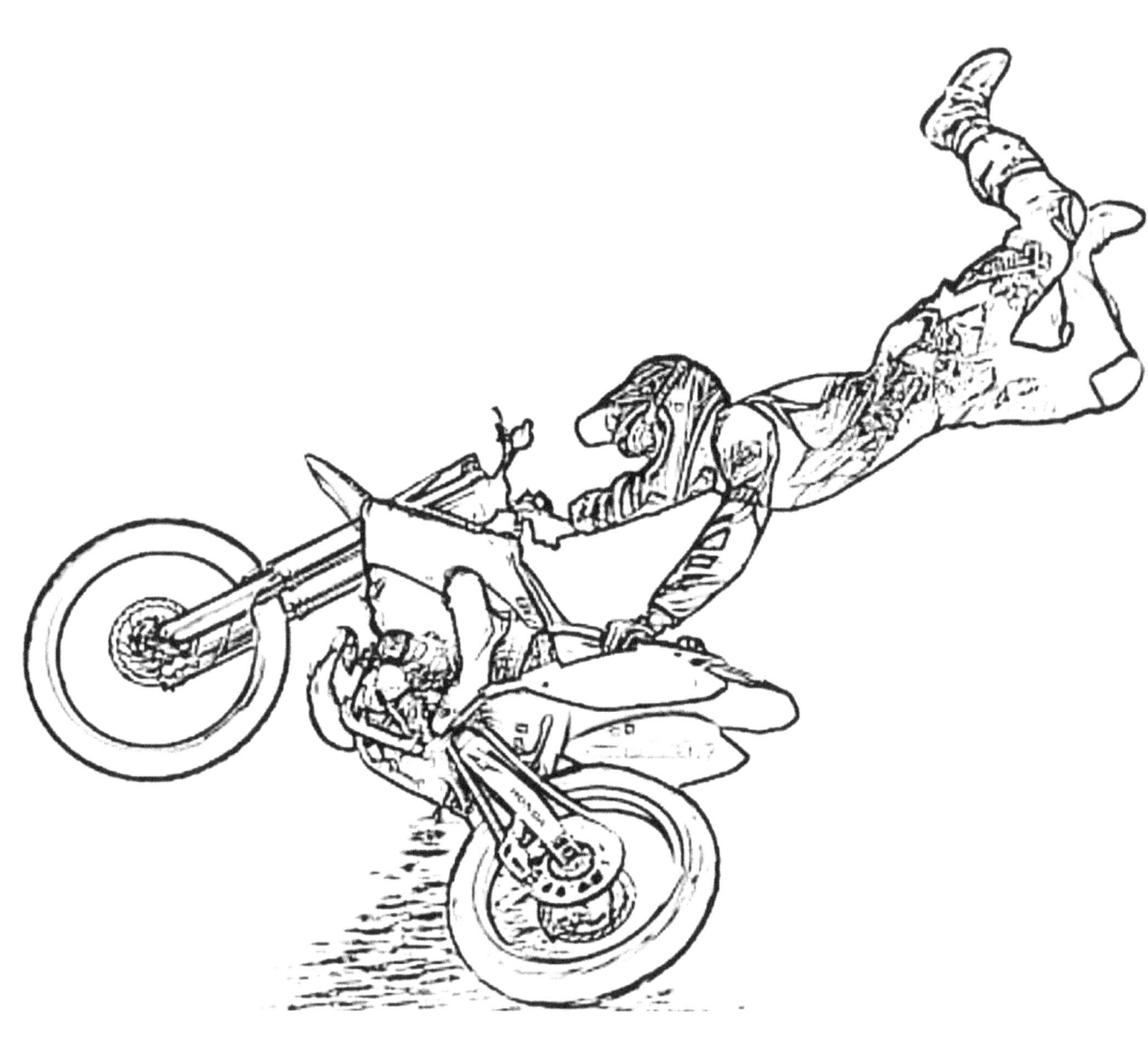

BICICLETA SUCIA LIBRO DE COLOREAR

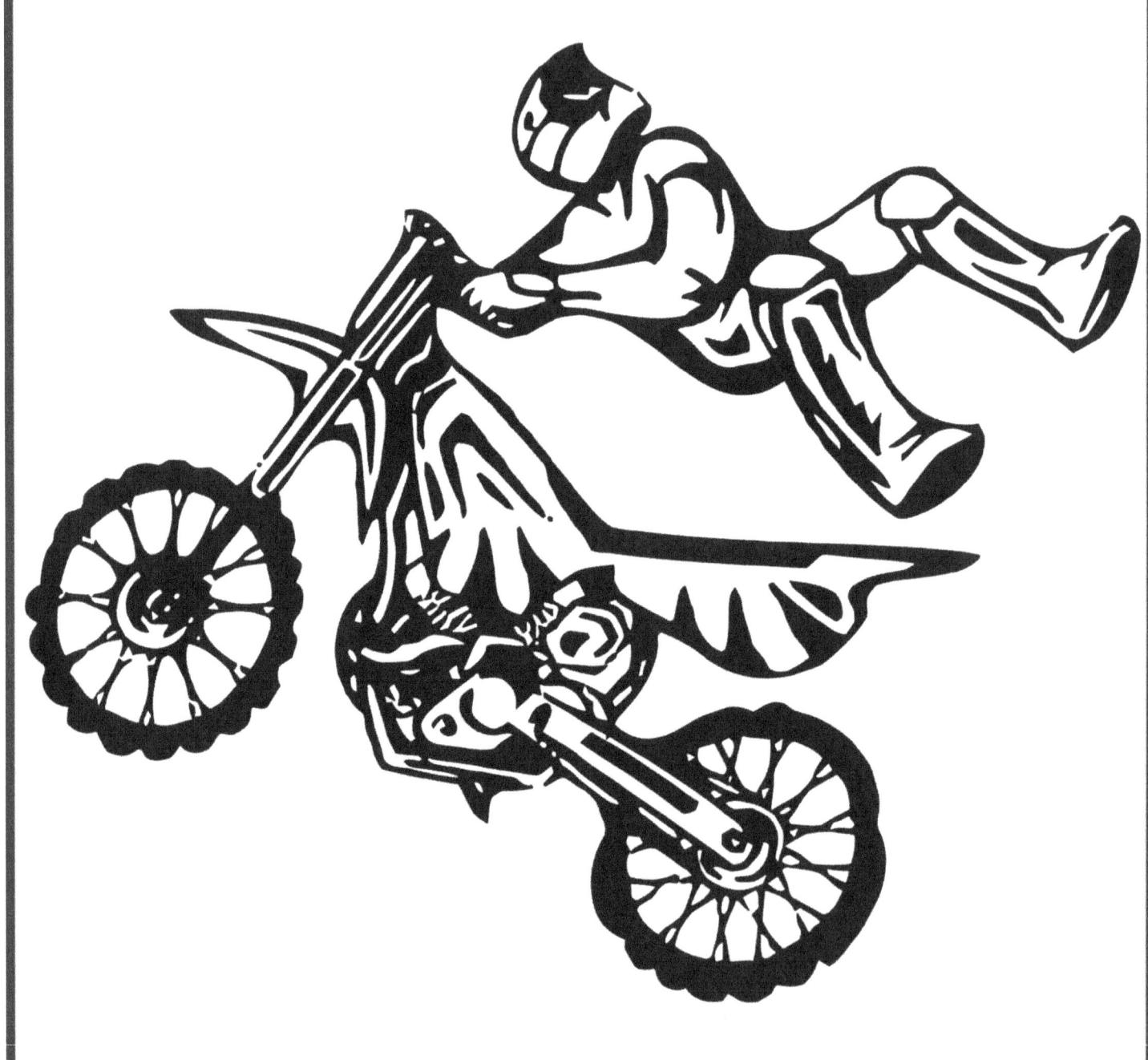

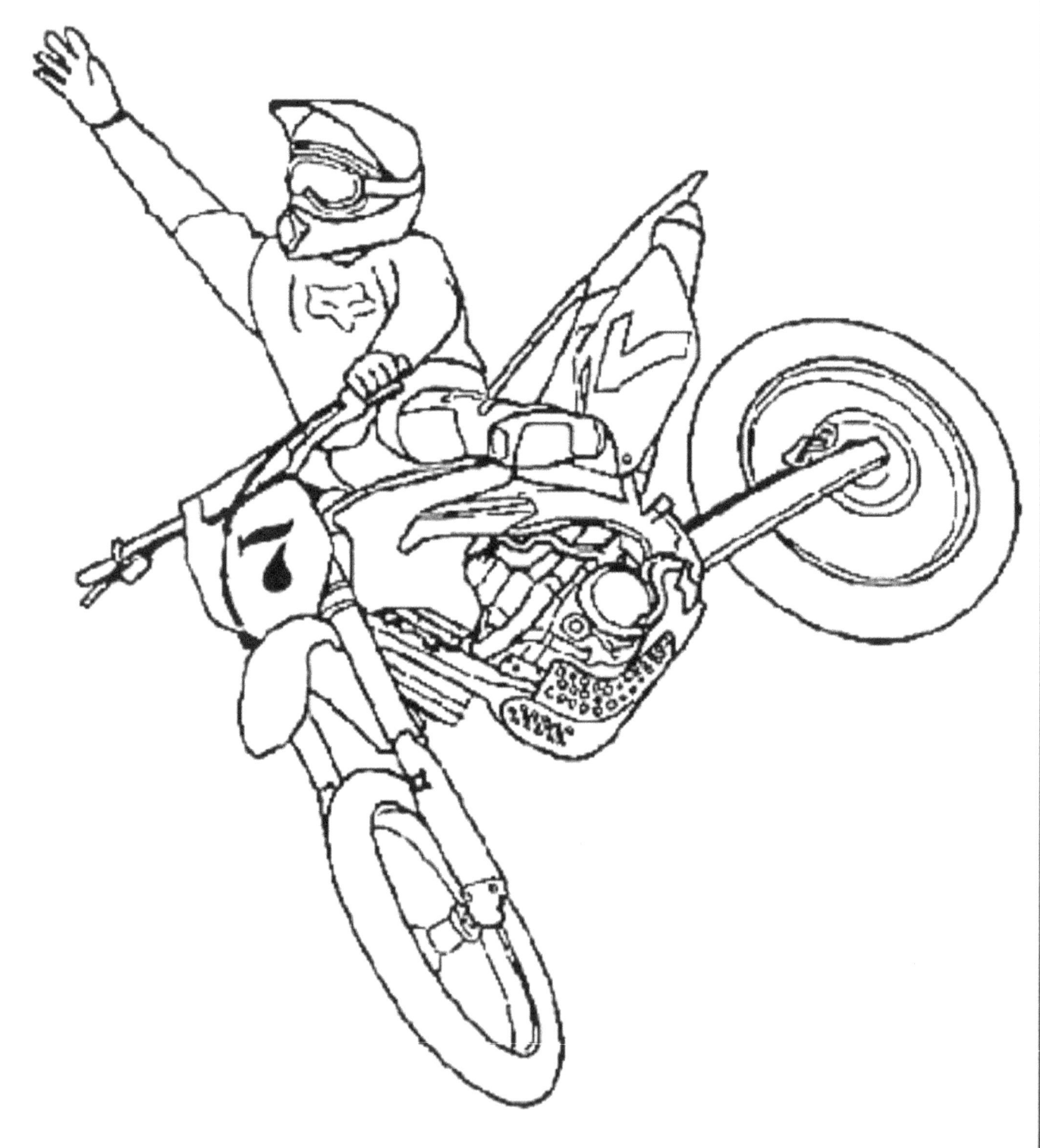